VIOLENCIA MASCULINA

Asesor de dirección:
Dr. Pedro Herscovici

Edición original:
Jossey-Bass Publishers. San Francisco

Título original:
The Violence of Men

Traducción:
Adriana Oklander

Diseño tapa:
Sergio Manela

CLOE MADANES
con JAMES P. KEIM
y DINAH SMELSER

VIOLENCIA
MASCULINA

GRANICA

© 1997 *by* Ediciones Juan Granica, S.A.
Bertrán, 107, 08023 - Barcelona (España)
Tel.: (93) 211 21 12 - Fax: (93) 418 46 53
E-mail: granica.editor@bcn.servicom.es

Lavalle 1634, 3ª
1048 Buenos Aires (Argentina)
Tel.: (541) 374 14 56 - Fax: (541) 373 06 69
E-mail:granica@editor.virtual.ar.net

© 1995 *by* Jossey Bass Inc., Publishers
de la edición original en inglés.

Esta edición se publica por acuerdo con el editor original
Jossey Bass Inc., Publishers.

ISBN: 84-7577-504-7
Depósito legal: B-5391-97
Impreso en España-*Printed in Spain*
LIFUSA
M. J. Corrales 82-84
08950 - Esplugues de Llobregat (Barcelona)

*Ya que cada hombre mata aquello
que más ama...*

Oscar Wilde

*Los niveles más bajos del infierno
están reservados para aquellos
que, en tiempos de crisis moral,
se mantienen neutrales.*

Dante Allighieri

Indice

Agradecimientos

Este libro fue escrito con la colaboración de James P. Keim y Dinah Smelser. Keim fue el terapeuta del caso presentado en el Capítulo 4, y contribuyó con muchas de las ideas analizadas. También fue el terapeuta en varios de los casos de delincuentes sexuales juveniles, en el proyecto que se describe en el Capítulo 6. Las ideas sobre negociar las diferencias en el matrimonio, presentadas en el Capítulo 7, también le pertenecen. Smelser fue la terapeuta en la mayoría de los casos del proyecto para delincuentes sexuales juveniles, analizado en el Capítulo 6. Su contribución a ese trabajo ha sido invalorable.

Los tres queremos expresar nuestra gratitud al concejal William Hanna de Montgomery County, Maryland, que concibió el proyecto para delincuentes sexuales juveniles y quien, a través de su apoyo y colaboración, ha mantenido vivo el proyecto a lo largo de ocho años.

También quisiera expresar mi gratitud a Alan Rinzler, mi editor, por su paciencia, su estímulo y su asesoramiento. Mi reconocimiento especial al personal y los estudiantes del *Family Therapy Institute* (Instituto de terapia familiar), quienes a lo largo de años tanto han contribuido al desarrollo de mis ideas sobre la terapia.

Introducción

La psicoterapia es el arte de encontrar al ángel de la esperanza en medio del terror, la desesperación y la locura. He aquí un relato de la mitología griega, donde se explica por qué Dios creó a los terapeutas. Es la historia de Pandora tal como la narra Virginia Hamilton.

Pandora era una mujer creada en los cielos. Zeus, el creador, la envolvió en una túnica de inocencia y le entregó una caja que guardaba una sorpresa. Antes de que ella abandonara los cielos, Apolo le dijo: «Pandora, ¡nunca jamás abras esta caja!»

Pero Pandora tenía un único defecto. Era muy curiosa. Tenía que examinar todo lo que veía.

Pandora fue enviada a ver a Epimeteo y en cuanto la vio entrar en su casa, él se enamoró de su belleza. Cuando ella le dijo que Zeus la había enviado, Epimeteo respondió: «¡Debe de haber una trampa en alguna parte! ¿Qué traes en esa caja?" Pandora dijo que no lo sabía, por lo que Epimeteo se la quitó para ponerla en el estante más alto, diciendo que debía de ser una sorpresa muy desagradable.

Cuando su hermano Prometeo llegó a la casa, le advirtió a Epimeteo que Pandora misma debía ser peligrosa, no tan sólo la caja. Pero Pandora era buena. El único problema era que debía averiguar qué había dentro de la caja.

Un día en que estaba sola, Pandora decidió que bajaría la caja y la sacudiría sólo para escuchar cómo sonaba, sin intentar abrirla. Puso un pequeño cofre sobre una banqueta, se subió y estirándose tanto como pudo deslizó la caja hacia ella. Pero cuando trató de levantarla, la caja resbaló de sus manos. Hubo una gran confusión de ruidos, rugidos, alaridos, aullidos y gritos. Por un momento, la habitación quedó a oscuras.

Entonces comenzaron a salir cosas horribles de la caja. Cosas aladas y cosas que reptaban, se escurrían y trepaban, trayendo consigo un cieno de desesperanza lúgubre y gris. Había plagas de pena y dolor. Había desdicha, sujetando su rezumante cabeza. La envidia se apoderó de Pandora y trató de arrancarle los cabellos. La pobreza se arrastró famélica por el suelo.

Pandora trató de cerrar la caja, pero ya era demasiado tarde. Todas esas cosas horribles vociferaban por la casa y salían a la calle, a la ciudad, al mundo entero.

Sólo quedó una pequeña cosilla temblando en el suelo. Seguramente estaba en el fondo de la caja. Al levantarla, Pandora pudo ver que un gran corazón latía en su pecho. «Debo irme» —le dijo la cosa mientras se levantaba débilmente sobre sus pies torcidos—. Pero, ¿quién eres? —le preguntó Pandora.

La cosa esbozó una sonrisa y desplegó sus alas de colores brillantes. «Soy Esperanza —respondió—. Si no me apresuro, los humanos tendrán muy pocas razones para vivir.» Y con un gran salto, Esperanza abandonó la habitación, salió de la casa y se lanzó al mundo.

Pandora vio cómo Esperanza corría tras las cosas horribles del mundo. Cuando estuvo entre ellas, las criaturas parecieron menos seguras de sí mismas.

Así fue como el hambre y la pobreza, la desesperación y la fealdad, llegaron al mundo de los humanos. Epimeteo tuvo que vivir para siempre con Pandora, quien había dejado escapar todos los tormentos de la vida.

«Bueno, no es tan terrible —pensó Pandora—. Todavía está Esperanza.»

◆ ◆ ◆

Dios creó a los terapeutas para que fuesen, como Esperanza, destinados a perseguir los horrores del mundo humano.

Es mi deseo que este libro signifique una esperanza para los terapeutas que trabajan con hombres violentos. Así como la violencia es el problema más serio entre las naciones, los grupos étnicos y en las calles de nuestras ciudades, también lo es en la familia. El maltrato –de las mujeres por parte de sus esposos y de los niños por sus padres– constituye el problema de salud mental más pérfido, frecuente y destructivo que deben resolver los terapeutas de la actualidad. Este libro ofrecerá algunas técnicas para que, al igual que Esperanza, los terapeutas salgan al mundo y amansen a los monstruos, creando así una realidad menos terrible.

Este libro trata sobre la violencia masculina que casi todos los terapeutas enfrentan con frecuencia en sus consultorios. En los primeros dos capítulos trataremos las premisas y los elementos básicos de una terapia de acción social. Los Capítulos 3 a 7 presentarán casos estudiados y medidas específicas para trabajar con problemas de maltrato infantil, incesto, delito sexual juvenil y violencia marital. El Capítulo 8 trata algunas de las dificultades al colaborar con el sistema legal. En el Capítulo 9 nos ocuparemos de analizar el problema de los adultos que fueron maltratados en la infancia. En el Epílogo revisaremos las pautas –bajo la forma de aforismos– para llevar a cabo una terapia de acción social.

CAPÍTULO 1

Una terapia de acción social

Un dilema básico en psicología es la predeterminación frente la capacidad de decisión. Si pensamos que el individuo puede decidir sobre su futuro, debemos creer que la persona es responsable de sus propios actos y que tiene la posibilidad de cambiar. Por otro lado, si pensamos que la persona está predeterminada por fuerzas externas a ella misma, nos resulta difícil responsabilizarla de sus actos y considerar que tiene posibilidades de cambio.

El campo de la psicoterapia se basa en la premisa de que la gente puede cambiar, aunque desde los orígenes de la psicología ha prevalecido la idea de que los seres humanos están predeterminados por fuerzas que escapan a su control. ¿Qué significa "predeterminación", y cómo ha evolucionado la idea de que la gente está sometida a ella?

PREDETERMINACION

Consideremos un objeto que ha sido fabricado, por ejemplo un libro. El fabricante que lo produjo se basó en el concepto de lo que es un libro, y en un método de producción que forma parte de ese concepto. El fabricante no sólo sabía que el libro era un objeto elaborado de cierta manera, sino también para qué era utilizado. Por lo tanto, lo que permite producir y definir un libro precede a su presencia. La naturaleza del libro físico está predeterminada.

Esta imagen técnica del mundo donde la producción precede a cualquier clase de existencia ha teñido casi todas las religiones occidentales, así como el pensamiento filosófico y psicológico. Dios es concebido como el Creador, como una especie superior de artesano. Al crear, Dios sabe exactamente qué está creando. La idea del ser humano en la mente de Dios es similar al concepto del libro en la mente del fabricante. Dios produce a una persona del mismo modo que, según una definición y una técnica, un fabricante confecciona un libro. El individuo humano es el producto de un concepto en la mente de Dios.

La creencia de que existe una esencia predeterminada que antecede a la existencia también ha estado presente en la idea de que las personas tienen una naturaleza humana. Esta se encuentra en hombres y mujeres, todos los cuales comparten las mismas características básicas. La esencia de las personas está en esta naturaleza humana, que precede a la existencia de un individuo. La gente nace con ella.

Otro concepto ha sido el de que existen impulsos o instintos básicos que predeterminan nuestras vidas. Según Freud, las energías motivadoras universales eran ante todo el impulso sexual, y luego el instinto de muerte, y la vida de cada individuo era la manifestación de estos impulsos.

Entonces apareció la idea de los padres como creadores. Somos aquello que nuestros padres han hecho de nosotros. Es decir, somos el producto de nuestras experiencias en la infancia. Así como los humanos no resultaron ser tal como Dios había pensado (perdiendo así su gracia), tampoco resultamos ser tal como nuestros padres lo habían imaginado. Este es el concepto del humano como objeto, producido por un artesano ignorante, confundido o incluso mal intencionado. Esta idea ha prosperado entre aquellos que se definen a sí mismos como niños adultos, donde cada individuo es visto como el resultado de un proceso productivo defectuoso y por lo tanto está exento de responsabilidad.

El concepto de la persona como producto de la química y la genética es otro ejemplo del ser humano como objeto predeterminado. Tanto los padres como Dios han sido reemplazados por el científico, quien como fabricante produce procesos de pensamiento y cambios de ánimo por procedimientos químicos. Una persona es el producto de su propia química o de lo que el médico haga con ella.

Con los sistemas pensantes surgió otra perspectiva de los seres humanos como objetos predeterminados. La persona se convirtió en el producto de un contexto social, de fuerzas sociales que escapaban a su control. Dios, los instintos, los padres y la química fueron reemplazados por el concepto de organización, la cual determinaba la existencia de cada uno de sus miembros. La familia, la escuela o el lugar de trabajo eran los creadores, y cada individuo formaba parte de todo el mecanismo autorregulado. Padre e hijo, directivo y obrero, todos quedaron igualados en el hecho de que sólo eran parte de un sistema más grande que ellos mismos.

Muchos terapeutas familiares apoyaron este concepto, tratando de escapar a la idea de que había malos padres o mala química, pero al fin se encontraron atascados en el concepto de que nadie tiene la responsabilidad. En consecuencia, el padre abusivo se iguala con el niño maltratado en el hecho de que ambos forman parte de un sistema que funciona lo mejor posible... en éste, que es el mejor de todos los mundos posibles.

AUTODETERMINACION

Lo opuesto de predeterminación es la idea de autodeterminación. No existe ningún fabricante, ningún "Dios" ni niño interno. El ser humano existe antes de ser definido por cualquier concepto. La persona es lo que él o ella concibe de sí misma. Es un sujeto que actúa, no un objeto sobre el cual se actúa.

El respeto por la autodeterminación de cada individuo es el primer principio de una terapia de acción social. En este enfoque se considera que una persona es capaz de trazar un plan para su propio futuro, que cada una es responsable de lo que es. La esencia de lo humano es la posibilidad de elegir, de ejercer la autodeterminación. Cualesquiera sean las circunstancias, siempre existe una alternativa. No podemos escapar a esa opción más que al hecho de que la posibilidad de elegir es nuestra principal facultad. Nadie nos la puede quitar. Es posible que seamos manipulados por nuestros padres o a través de nuestra química. Tal vez no seamos más que un pequeño eslabón en la cadena fabril, o las víctimas de una tortura política, pero todavía tenemos la facultad de elegir.

Yo creo que siempre existe la posibilidad de elegir, no importa cuáles sean las circunstancias, sin por ello negar la importancia de la familia, de la química y del contexto social. No caben dudas de que la forma más directa y expeditiva de modificar a una persona en terapia es cambiar su contexto social, la relación con las personas más significativas de su entorno. Pero esto no significa que el individuo esté predeterminado por el contexto. Todos sabemos que una persona puede cambiar sin que se modifique su entorno; que los cambios en el contexto social pueden ser el resultado de la transformación en el individuo. Nos modificamos a través de la introspección, las lecturas y el contacto con maestros o terapeutas. Tenemos la facultad de elegir. Por lo tanto, el primer movimiento en una terapia de acción social es lograr que cada persona se haga responsable de su existencia y sus actitudes. No existe Creador, naturaleza humana ni impulsos a quienes podamos culpar. La química, el niño interno, la forma en que fuimos criados y el sistema no son responsables. La responsabilidad siempre es algo personal. Es un hecho comprobado que algunas personas que fueron maltratadas, torturadas y sufrieron penurias horribles se convirtieron en miembros excelentes de la sociedad, mientras que otras criadas por padres afectuosos se convirtieron en asesinos. Somos lo que nosotros mismos hacemos de nuestras circunstancias.

¿Esto significa que no existe diferencia entre el rico y el pobre, el opresor y el oprimido? Por el contrario, los opresores y los ricos tienen más poder de elección. Su gama de alternativas es más amplia que la de los pobres y oprimidos. Una terapia de acción social no puede ser empleada para justificar la injusticia social. En ellas el terapeuta trabaja para ampliar la gama de alternativas y el poder de elección de los individuos.

RESPONSABILIDAD PERSONAL

Es evidente que cuando un individuo escoge algo, no sólo decide por sí mismo sino también por sus hijos, sus padres, sus amigos y su entorno social. Todas sus relaciones se verán afectadas por la decisión. Pero la persona no sólo es responsable por su propia individualidad y la de su entorno social; también lo es por todos los seres humanos.

Cuando decidimos por nosotros mismos, elegimos por todos los demás. Cada uno de nuestros actos crea una imagen de los seres humanos tal como pensamos que deberían ser. Cuando elegimos ser algo, afirmamos el valor de lo que escogemos. Nada puede ser bueno para uno de nosotros sin serlo para todos. La responsabilidad de cada persona abarca a toda la humanidad.

Por ejemplo, si yo decido casarme y tener hijos, afirmo el valor de la vida familiar, no sólo para mí misma sino para todos los hombres y mujeres del mundo. Al elegir para mí, elijo para todos. Muchas personas replicarán que cuando hacen algo no están afectando a nadie más. Pero la verdad es lo opuesto. Los actos de cada uno influyen sobre los demás, y también constituyen un modelo para que otros actúen.

No podemos explicar las cosas basados en una naturaleza humana dada o fija. En otras palabras, no existe determinismo; cada persona es libre. Detrás de nosotros no hay ninguna excusa, y por delante no tenemos justificaciones. Cada persona es responsable por todo lo que hace.

No podemos justificar nuestros actos basados en la fuerza de la emoción. Una pasión arrolladora no conduce inevitablemente a ciertos actos, y por lo tanto no constituye una excusa. Todos son responsables de sus emociones.

La responsabilidad personal no puede eludirse encontrando algún presagio que nos oriente en el mundo. Sueños, imágenes y hasta preceptos religiosos están abiertos a la interpretación, y cada persona explicará la señal según su conveniencia. Donde quiera que se encuentre un individuo, siempre existe un futuro que será forjado.

Al forjar este futuro, surgen dilemas que pueden

resultar muy difíciles de resolver. Por ejemplo, alguien puede tener que elegir entre dedicar su vida a una causa justa o cuidar a una persona querida. Al tomar una decisión semejante no existen valores que nos orienten. Estos son vagos y siempre resultan demasiado amplios para el caso concreto o específico que estamos considerando.

Una posibilidad es guiarnos por nuestros sentimientos. Pero, ¿cómo determinamos el valor de un sentimiento? En ocasiones, resulta imposible distinguir uno verdadero de uno falso. No siempre existe tanta diferencia entre decidir que uno ama a alguien y estará a su lado y quedarse con ella fingiendo que uno la ama.

Los sentimientos están formados por las acciones que uno realiza. Es decir, no es cierto que primero se siente y luego se actúa en base a ese sentimiento. Por lo general ocurre lo inverso: la acción viene primero, y a partir de ella uno siente. Por lo tanto no podemos remitirnos a un sentimiento para decidir cómo actuar. Al enfrentarnos con el dilema, es posible pensar que uno puede acudir a un maestro o terapeuta en busca de consejo. Pero al elegir a un maestro o terapeuta en particular, uno suele escoger cierta escuela de pensamiento y, por lo tanto, ya sabe qué clase de consejo recibirá. Ninguna ética general puede indicarnos lo que debe hacerse, por lo que no contamos con ningún indicio para orientarnos.

Otra complicación es el hecho de que al basarnos en nuestra propia voluntad para forjar nuestro futuro, sólo contamos con cierta probabilidad de que nuestras acciones resulten posibles. Uno no puede dar por sentado el éxito de ningún plan, por más simple que éste sea. Nadie puede garantizar que un avión arribará a horario, o que un coche no tendrá un accidente a causa de un conductor ebrio. El reino de las probabilidades es tan amplio que sólo vale la pena considerar aquellas que están directamente relacionadas con nuestro plan. Muchas veces, depender de otra gente es exactamente igual a contar con el hecho de que el avión llegará a tiempo o que el coche no será chocado. Considerando que no existe ninguna naturaleza humana de la cual depender, no se puede contar con la bondad humana o con la responsabilidad del hombre para lograr el bien de la sociedad.

ACCION

¿Todo esto significa que uno debe resignarse a la inacción? Muy por el contrario. Un precepto básico de toda terapia de acción social es «Quien no arriesga no gana».

De hecho, la realidad sólo existe en la acción. La compasión sólo existe en un acto compasivo; la violencia sólo existe en el acto violento; el amor sólo está presente en el gesto amoroso. La ausencia de acción también es una acción que nos define por sí misma. La frialdad de la relación está definida por la ausencia del gesto cálido; la no violencia es la falta de actos violentos; un corazón frío está presente en la ausencia de actos compasivos.

No actuar es actuar, por lo que constantemente debemos enfrentar decisiones para dar con la acción correcta.

LA TERAPIA

Y entonces, ¿qué es una terapia de acción social?

Una terapia que no alienta a las personas a buscar justificativos racionales, más fuertes que ellas mismas, para sus actos.

Una terapia que alienta a cada individuo a enfrentar el hecho de que es lo que ha decidido ser, y de que deberá continuar eligiendo. La esencia de lo humano es el poder de decisión. Cada uno de nosotros debe escoger y actuar, aunque cada vez que lo hacemos perdemos algo: otras alternativas, otras acciones posibles.

Una terapia que se niega a rotular a la gente, a clasificarla según categorías que otorgan una falsa seguridad despojando al individuo de responsabilidad, libertad y respeto por sí mismo y por los demás.

Una terapia que promueve la aceptación de que no existen relaciones perfectas y armoniosas, y que no podemos estar totalmente libres de conflicto. En realidad, constantemente nos vemos enfrentados con valores conflictivos que no son conciliables. No podemos resolver el conflicto entre libertad y eficiencia organizada, entre conocimiento perfecto y felicidad perfecta, entre las exigencias de la vida personal, el trabajo y el interés público.

Una terapia que no pretende tener soluciones para los problemas centrales de la vida humana.

Una terapia que estimula la aceptación de las paradojas de la vida, y el sentido del humor que llega con esta aceptación.

Una terapia que no sólo alienta a cada persona a responsabilizarse por su propia vida, sino que en ella el terapeuta también se hace responsable por el tratamiento y su resultado.

Una terapia que no se basa en ninguna clase de determinismo sino en la idea de que, cualesquiera sean las circunstancias, cada individuo tiene una gama de posibilidades para transformarse a sí mismo y a sus circunstancias. Una persona no es el producto de la biología, las emociones, el pasado, la familia o el contexto social. Todas éstas son influencias, y cada individuo puede decidir si se verá afectado por ellas o no. Una terapia que respeta la autodeterminación en cada persona.

Una terapia donde se reconoce que la autodeterminación es una carga pesada para el individuo. Los dilemas y las decisiones difíciles pueden tolerarse mejor cuando la persona tiene una meta, un propósito de vida que lo trasciende. Encontrar un sentido a la vida –ya sea en el amor, la belleza, la acción social, la compasión– vuelve tolerable la responsabilidad de la autodeterminación, y constituye el núcleo de una terapia de acción social.

ACCION SOCIAL

¿Cómo se relacionan la terapia y la acción social? ¿Por qué es ésta una terapia de acción social?

Si yo creo que al elegir para mí elijo para otros porque cualquier cosa que haga afecta a muchas personas, y si creo que cada uno de mis actos crea una imagen de los seres humanos tal como pienso que éstos deberían ser, entonces la terapia que escojo es un modelo del modo en que pienso que debería actuar toda la humanidad. Mi terapia no sólo afecta a aquellos que están directamente relacionados conmigo, sino también a muchos otros que se relacionan en forma indirecta.

La terapia tiene consecuencias sociales que exceden la relación terapéutica. Si mi terapia resalta el valor de la introspección, estoy afirmando el valor de ésta para todos. Si mi tratamiento promueve la expresión de sentimientos negativos, estoy alentando a todos para que manifiesten su negatividad. Si mi terapia requiere arrepentimiento y reparación, afirmo el valor de estas dos actitudes para el resto de las personas. La responsabilidad del terapeuta va más allá de la relación terapéutica.

Si yo creo en la responsabilidad personal y en que la única realidad es la acción –que no actuar es actuar–, entonces debo reconocer que en mi terapia debo proteger los derechos humanos e impedir la violencia. Evitar la acción, permanecer neutral, es estar del lado de la violencia y el abuso.

Si creo que debo encontrar un sentido a la vida, más allá de mis necesidades egoístas, entonces creo en encontrar un sentido para todos.

Estas son las premisas de una terapia de acción social. En el próximo capítulo analizaremos los elementos más importantes del enfoque.

Capitulo 2

Los elementos de la acción social en la terapia

Hemos visto cómo una terapia de acción social se basa en las premisas de la autodeterminación y la responsabilidad personal. ¿Cuáles son los otros elementos esenciales del enfoque?

UNA PERSPECTIVA INTERACTIVA

La manera más eficiente de cambiar a una persona es modificar su contexto social: las relaciones con los otros que son significativos. Estos suelen ser personas de su familia, y es en el nivel de las relaciones familiares donde debe intervenir el terapeuta. No obstante, algunas veces las interacciones más importantes son con amigos, en la escuela o en el trabajo, por lo que el terapeuta también debe intervenir en esas relaciones.

DIRECTIVAS

La intervención más frecuente es la directiva. Pedimos a las personas que hagan ciertas cosas en la terapia y, entre una sesión y otra, fuera del consultorio. Las directivas pueden ser directas o indirectas, metafóricas o paradójicas.

Casi todas las directivas procuran introducir un cambio menor en cierto segmento de conducta, con la expectativa de que una pequeña modificación pueda tener consecuencias mayores. Una directiva típica es que una pareja salga a cenar afuera o que un padre juegue con su hijo. Al producirse un cambio en una relación se generan otras modificaciones, y el terapeuta da nuevas directivas.

Una excepción es el problema que abordamos en este libro. Al tratar con la violencia y el abuso, el terapeuta suele tener que aceptar la responsabilidad de provocar cambios importantes en la vida de las personas, tales como separar a una pareja o alejar a un padre de la casa.

DERECHOS HUMANOS

Un terapeuta no es un observador neutral. Tenemos nuestros propios objetivos, y uno de los más importantes es proteger los derechos humanos de las personas con quienes trabajamos, en particular de los niños. Si no protegemos a los niños y defendemos sus derechos, algunas veces contra la familia y otras contra la escuela o el sistema legal, nadie lo hará.

ETICA

Los terapeutas están siendo convocados para proteger los derechos humanos de los individuos, pero también para organizar a los miembros de la familia de modo que éstos hagan lo que es moral y éticamente correcto. La moralidad ha entrado en la terapia. Comenzamos a comprender que lo que es éticamente correcto también es terapéutico.

En ningún caso se necesita tanto un enfoque ético como en los problemas de violencia y abuso, los cuales han alcanzado proporciones críticas en nuestra sociedad. Los terapeutas de la actualidad no pueden eludir tratar a los victimarios y a las víctimas. Al trabajar con estos problemas, debemos adoptar una posición clara sobre las cuestiones éticas. Por lo general somos llamados a decidir sobre cuestiones tales como si un niño fue maltratado, quién podría ser el agresor y cuáles serían las consecuencias para éste y para la familia. Entonces debemos sanar a la víctima, rehabilitar al agresor y evitar futuros abusos. Para ser capaces de hacer todo esto, debemos guiarnos por un fuerte sentido de lo que está bien y lo que está mal.

ESPIRITUALIDAD

Al desarrollar métodos para trabajar con problemas de violencia, aprendí a basarme más y más en la vieja sabiduría y la espiritualidad para resolver cuestiones de abuso que son tan antiguas como la misma institución familiar.

El incesto y la violencia familiar son los temas de la tragedia griega, la Biblia y de cada religión antigua. Comprendí que en los seres humanos la violencia y la espiritualidad están vinculadas, por lo que ciertas clases de ataques a una persona son ataques al espíritu de ese individuo. Por lo tanto, al entrenar a los terapeutas para trabajar con problemas de violencia y abuso sexual, les enseño a tratar casos de dolor espiritual. Y también observo lo difícil que les resulta a los terapeutas hablar de espiritualidad.

¿Qué es el espíritu? Es algo difícil de definir, y no

obstante sabemos que está allí. Tal vez sea similar a la idea de belleza. No podemos explicar qué es, pero podemos reconocerla cuando la vemos. Es posible que sólo seamos conscientes del espíritu cuando nos duele. Las personas que han sufrido ciertas formas de violencia conocen ese dolor. Sin embargo es muy difícil para los terapeutas reconocer el dolor espiritual.

Toda nuestra capacitación como terapeutas parece haber sido diseñada para negar la existencia de lo espiritual. Al reflexionar sobre las razones de esto, pensé en el origen del campo de la psicoterapia. En realidad somos muy jóvenes, ya que nacimos hace apenas cien años. Probablemente, la psicoterapia como campo de investigación se inició con la publicación de los primeros trabajos de Freud. Cuando éste comenzó a luchar para establecer la psicoterapia como profesión, tuvo que tener cuidado de diferenciarse de la hipocresía que caracterizaba a la religión organizada en la era victoriana. Pero al desechar la religión, también excluyó todo el concepto de espiritualidad.

Hoy, cien años más tarde, nos hemos establecido como profesión, y ya no existe el riesgo de que nos confundan con la religión. Por lo tanto podemos traer de vuelta la espiritualidad al campo de la terapia, y aceptar que nuestra misión no se limita a curar la mente; debe ocuparse también del espíritu, y que sin sanar el espíritu no podemos vivir en armonía unos con otros.

LA FAMILIA COMO GRUPO DE AUTOAYUDA

En los últimos quince años se ha producido un desplazamiento en nuestra cultura: de la ayuda institucional a la autoayuda. Durante décadas dependimos de la protección de instituciones tales como el gobierno, las entidades médicas, la empresa y el sistema educativo. Pero en los últimos veinte años se ha hecho evidente que hemos perdido la guerra contra la pobreza, que la educación ha declinado y que hemos aprendido a desconfiar de la medicina con sus intervenciones innecesarias.

La autoayuda comenzó a reemplazar a estas instituciones y se ha convertido en parte de la vida occidental. En Estados Unidos, los grupos comunitarios actúan para prevenir el crimen, alimentar a los ancianos, construir viviendas, promover la salud y educar a los niños.

La terapia familiar se originó en los años cincuenta, y formó parte del pasaje de lo individual al sistema como unidad de estudio. Fue difícil hacer la transición y dejar de centrarse en el individuo para considerar a las relaciones entre las personas. A medida que los terapeutas se esforzaban por modificar sus puntos de vista, algunos conceptos del enfoque individual se trasladaron incorrectamente a la perspectiva de los sistemas. Se consideraba que la terapia familiar era una "cura" para toda la familia, la cual supuestamente estaba "enferma" o era "patológica". De hecho, los miembros de una familia pueden ser afectuosos u hostiles, esperanzados o pesimistas, tolerantes o intolerantes, pero no existe nada parecido a una familia enferma o saludable.

La familia es el grupo de autoayuda primario. Ellas son invitadas a la terapia para contribuir a resolver los problemas del individuo que realiza la consulta. No existe nadie que pueda ayudar o interferir tanto con el bienestar de una persona como aquellos que mantienen relaciones estrechas, que tienen una historia, un presente y un futuro juntos.

REORGANIZAR LA TRIBU

Como grupo de ayuda primario, la familia es la unidad de la sociedad para la tolerancia, la compasión y el amor. El terapeuta cambia las relaciones reorganizando la red natural de la familia, la tribu, para luego retirarse y dejar que los miembros del grupo se cuiden y protejan entre ellos.

La idea de que la familia es un grupo de autoayuda se me hizo evidente cuando comencé a trabajar con más y más casos de maltrato, negligencia e incesto, donde estaba amenazada la misma existencia de la unidad familiar. Tuve que encontrar protectores –personas fuertes y responsables entre los familiares indirectos o en la comunidad– y transferirles a ellos la responsabilidad.

Por ejemplo, si un adolescente había sido víctima de abusos por parte de su padre; un tío o una abuela responsable podía ser el encargado de supervisar que esto no volviese a ocurrir. Si un niño debía ser alejado de la casa, podía alojarse con familiares en lugar de hacerlo con extraños. Al trabajar con estos problemas, comprendí que utilizaba a la familia como grupo de autoayuda donde los niños podían ayudar a sus padres, los tíos hacerse cargo, los abuelos aceptar la responsabilidad o todos ayudarse unos a otros en forma ocasional.

Los terapeutas deben reunir a los miembros de una familia que se encuentran enemistados, en especial cuando los padres tratan de expulsar a sus hijos en forma literal o emocional. En estos casos, antes que nada, la terapia debe contribuir a que la familia contenga a los niños sin expulsión. Es importante comprender que en la mente de los padres, la expulsión puede no contradecirse con el deseo de amar y proteger a sus hijos. Los progenitores con escasa autoestima pueden amar a sus niños y, precisamente por ello, pensar que otras personas están en mejores condiciones que ellos para criarlos. El terapeuta debe organizar a los familiares para que éstos refuercen la autoestima de los padres, ayudándoles así a retener a sus hijos. Esta es una de las muchas maneras en que resulta útil la red familiar.

LA RED FAMILIAR COMO UNIDAD PARA LA TERAPIA

¿Qué es una red familiar? Durante siglos, nuestra forma de organizarnos fue la estructura piramidal. Desde la Iglesia Católica hasta el ejército y las grandes empresas, el poder bajaba desde la cima de la pirámide hasta la base; desde el pope, el general o el CEO (directivo superior) bajando hasta los tenientes y managers para llegar a los obreros y soldados en los planos más bajos.

Pero en los sesenta y los setenta, empezamos a desmistificar a la jerarquía. La economía norteamericana, basada en estructuras jerárquicas, sufría problemas. En su lugar apareció la nueva economía de la información, donde se requería mayor flexibilidad y no había cabida para las jerarquías.

EL PROBLEMA ES LA VIOLENCIA

En la actualidad, todos los problemas que acuden a la terapia pueden incluirse bajo la categoría de violencia infligida por las personas entre sí. Esta puede ser evidente como en el caso de los castigos físicos o las agresiones sexuales, o encubierta como en el abandono o el maltrato emocional. Puede ser impuesta sobre otras personas o sobre uno mismo.

Este libro ofrece técnicas para resolver tanto la violencia encubierta como la manifiesta ejercida por los varones. Son igualmente aplicables a mujeres violentas, pero no he tenido tanta experiencia con éstas como con hombres. La mira estará puesta en los tipos de violencia masculina que suelen encontrarse en el consultorio de un terapeuta: abuso de niños, maltrato de la esposa y abuso sexual. El libro no se ocupa de asesinatos, violaciones rituales realizadas por cultos, asesinatos o torturas, aunque supongo que las técnicas que he desarrollado también podrían impedir que los varones cometan algunos de estos crímenes más serios.

◆ ◆ ◆

En el próximo capítulo examinaremos la terapia de acción social en una familia en la que el padre era físicamente violento con sus hijas.

CAPÍTULO 3

El animal enjaulado

Una familia acudió a terapia porque Kristen, su hija de diecisiete años, mostraba signos de mala conducta y rebeldía. El terapeuta organizó a los padres para que clarificasen las reglas y las consecuencias de que éstas fuesen desobedecidas, y la conducta de la muchacha mejoró.

Pero el terapeuta también notó que los padres estaban siempre enfadados entre ellos, a pesar de varios intentos fallidos para reparar la relación. Tenían poco más de cuarenta años; el padre era un prominente científico y la madre se ocupaba de la casa y de las hijas (tres adolescentes de entre doce y diecisiete años). Los padres apenas si se hablaban y hacía dos años que no mantenían relaciones sexuales. No querían separarse, ni tampoco arreglar su relación.

Después de unos meses la conducta de Kristen mejoró, y aunque al terapeuta le preocupaba la pareja, la terapia fue interrumpida. Poco tiempo después los padres llamaron diciendo que Kristen había intentado suicidarse con una sobredosis de píldoras y estaba en el hospital. El suceso se había precipitado después de que, mientras la llevaba a la escuela en el coche, el padre le había arrojado café caliente en el rostro, furioso por algo que ella había dicho. Al parecer, ésta no era la primera vez que era violento con su hija.

El terapeuta se reunió con la familia y quedó sorprendido al descubrir que habían existido muchos episodios de violencia. Preocupado por no haber notado antes que el padre tenía esta actitud, el profesional me envió la familia pensando que sería mejor empezar de nuevo después de la crisis.

OBJETIVOS

Para mi primera sesión con la familia, me propuse averiguar exactamente cuántos habían sido los incidentes violentos causados por el padre y de qué tipo. No descartaba la posibilidad del abuso sexual, y me preparé para prestar atención a cualquier indicio en este sentido. Vería a toda la familia junta, a las muchachas por separado, a Kristen sola y luego otra vez a toda la familia. El propósito de dividirlos en subgrupos era obtener toda la información posible sobre la violencia, ya que a los niños suele resultarles más fácil hablar cuando no están en presencia de sus padres.

En esta sesión, también quería que el padre reconociese que era el único responsable de su violencia. Nadie más era culpable. Tenía que afirmar, frente a su familia, que la violencia estaba mal y que ninguna provocación justifica golpear a una hija.

En una terapia de acción social cada persona es responsable por sus actos. No importa cuál sea la provocación, siempre existe una alternativa. El padre eligió comportarse con violencia. Existían muchos otros caminos posibles, y él decidía ejercer la violencia contra su hija. No podía justificarse a través de su naturaleza, su carácter ni la fuerza de sus emociones. Le pediría que se disculpase, no sólo ante Kristen sino ante cada una de las niñas a quienes había lastimado. Un padre violento no sólo debe creer que es el único responsable de su violencia, y que ésta está mal; también tiene que expresar ese convencimiento a aquellos a quienes ha herido, y transmitirles su pesar por los actos cometidos.

Cuando me encontrase con Kristen a solas, exploraría la posibilidad de otro intento de suicidio para asegurarme de que no volvería a ocurrir. Indagaría sus intereses y la alentaría a que forjara un sueño, una expectativa, a la que yo pudiese ayudarla a alcanzar, de modo que quisiese estar viva. Le pediría que me prometiese a mí y a la familia que no volvería a tratar de provocarse daño.

LA PRIMERA SESION

Me reuní con toda la familia, y tras un interrogatorio amable pero directo a cada integrante logré enterarme de todos los diferentes incidentes de violencia. El padre había golpeado a Kristen varias veces en los pasados dos años. En cierta ocasión le pegó tan fuerte que ella se desmayó en el suelo de la cocina. En dos oportunidades golpeó a la segunda hija en el estómago, pero nunca se mostró violento con la menor. Con sumo cuidado, interrogué a cada uno de ellos hasta que todos acordaron en que estos incidentes realmente habían ocurrido.

Entonces me volví hacia el padre.

—¿Considera que está mal lo que hace?

—Por supuesto —respondió él mientras se mesaba la barba con nerviosismo.

—¿Por qué? ¿Por qué está mal?

—Bueno —me dijo—, creo que es violar la privacidad de alguien en un sentido físico. Es absurdo. No es algo de lo que esté orgulloso; por las cosas que he hecho. De todos modos las he hecho, y quisiera que no volviese a pasar.

—Es más que absurdo —dije yo—. Es muy doloroso porque proviene del padre, ¿no es así? La persona que debería proteger y amar, no lastimar. Esto no es como la paliza ocasional que se le da a un niño; es pegar en forma impulsiva.

—Es cierto —dijo él.

—Le pediré que haga algo un poco difícil. Quisiera que se acerque a cada una de las que ha lastimado, empezando por Kristen, y que le pida... dígale que lo lamenta. Iba a decir "que le pida perdón", pero no creo que deba pedir que lo perdonen. Con el tiempo ella podrá hacerlo si lo desea, pero por ahora usted sólo dígale cuánto lo lamenta. Tengo entendido que ella lo provoca. Estoy segura de que es cierto. De todos modos su respuesta nunca debería ser violenta porque usted es el adulto de la situación. ¿Hará lo que le pido?

—Seguro —el padre se hincó en el suelo junto a Kristen—. Lo siento, lo siento mucho —susurró.

Entonces, con los ojos llenos de lágrimas, se arrodilló junto a la segunda hija, Caroline:

—Lo siento.

La madre lloraba en silencio. El volvió a su silla.

—¿Les pareció sincero? —pregunté a las jóvenes.

Kristen sacudió su larga cabellera rubia.

—No —dijo rápidamente, con la irritabilidad característica de los adolescentes—. Tengo un problema con eso de que diga "lo siento", porque en realidad no puedo identificarlo con eso. Creo que si yo hubiese hecho algo, tendría una razón para hacerlo y nunca lo lamentaría. Pero supongo que así es como pienso yo. Quiero decir, alguien puede sentir que lo lamenta, pero yo no lo entiendo.

—¿Entonces has crecido sin escuchar jamás "lo lamento"? —le pregunté.

—Bueno, seguramente sí, pero es sólo que no creo...

—¿Porque de todos modos las cosas se repiten? —la interrumpí.

—Sí, de todos modos las cosas se repiten, y creo que si has hecho algo, lo has hecho. No te arrepientes. Y lo hiciste por una razón, sea buena o mala, verdadera o imaginada, lo hiciste.

Comprendí que Kristen trataba desesperadamente de buscar una excusa para su padre, de protegerlo de alguna manera. Me volví hacia Caroline.

—¿Tú crees que fue sincero?

—Supongo que sí.

A la esposa.

—¿Usted piensa que fue sincero?

—Supongo —ahora ella permanecía muy rígida, con la blusa blanca abotonada hasta el cuello.

—¿Lo fue? —insistí.

—Sí, creo que es sincero.

Yo misma había estado a punto de llorar ante la disculpa del padre, sus lágrimas y su tristeza. Sin embargo, nadie de la familia parecía tener mucha compasión por él. Me dirigí al hombre.

—¿Ve?, ésta es una de las consecuencias de su violencia: las endurece. Y usted no querrá que al crecer sean tan duras con otras personas.

Miré a la madre y a las hijas.

—Son duras, y está bien serlo... pero algunas veces...

La madre me contó que inmediatamente después de tomarse las píldoras, Kristen había ido a decírselo. La joven aseguró que no quería morir, y que no sabía por qué había hecho eso. Comprendí que la conducta de Kristen era un grito pidiendo ayuda. La violencia del padre tenía que parar. Ella le prometió a la familia y a mí que nunca volvería a hacerse daño.

Al hablar con Kristen a solas, descubrí que sus sueños eran los típicos de la adolescencia. Quería más independencia. No obstante ansiaba que hubiese menos tensión en la casa. Tenía dudas respecto de ir a la universidad, aunque ya había sido admitida en la que ella había elegido. Esta resistencia a dejar la casa es típica en los jóvenes cuyos padres no se llevan bien. Si Kristen permanecía allí, los adultos concentrarían su ira en ella en lugar de pelearse entre sí. Por lo tanto supe que para que la joven tuviese un desarrollo normal, yo tenía que mejorar el matrimonio de sus padres.

Al terminar la sesión pedí a los padres que, la ocasión siguiente, viniesen solos, sin las niñas. Quería sonsacarles toda la verdad respecto de la violencia. Todavía no estaba segura de que me hubiesen contado cada episodio. Invité al terapeuta anterior, Richard, a acompañarnos en la siguiente sesión.

OBJETIVOS PARA LA SEGUNDA SESION

Mis objetivos para esta sesión eran:

1. Averiguar sobre todos los episodios de violencia.
2. Asegurarme de que el padre se hiciera responsable de sus actos.
3. Explorar el vínculo entre la violencia del padre hacia Kristen y sus problemas maritales con Laura. Si este vínculo existía, tendría que trabajar sobre las cuestiones conyugales al mismo tiempo que con los asuntos familiares. Tendría que abordar el tema con sumo cuidado, porque con el terapeuta anterior los padres se habían negado a hablar de su relación.
4. Impedir que los padres minimizaran la seriedad de la violencia paterna.
5. Comenzar a cambiar el sentido personal que la con-

ducta violenta tenía para el padre, de modo que en lugar de expresar poder representase impotencia.

En cada terapia por un problema de violencia, el terapeuta debe concentrarse en la metáfora, en el sentido oculto que tiene la violencia para la persona que la ejerce. Por lo general, en el caso del hombre, significa virilidad, poder, control, fuerza y autodeterminación. El terapeuta debe cambiar la metáfora de modo que llegue a significar impotencia, debilidad, inmadurez y derrota. El modo en que puede atribuirse este sentido depende de la situación que vive cada persona en particular, de la historia, los miedos, deseos y frustraciones de cada hombre violento.

6. Averiguar si existieron episodios violentos en generaciones anteriores, particularmente en la familia materna ya que ella era la que más parecía minimizar la importancia de la violencia paterna. Analizar las consecuencias de la violencia en generaciones anteriores contribuye a que las personas la eliminen en el presente.

7. Alentar al padre para que se presentase ante los servicios de protección. De este modo, en lugar de denunciarlo yo, él estaría aceptando toda la responsabilidad por sus actos.

LA SESION

La madre empezó diciendo:

—Ken [el padre] me dice constantemente que no me quiere, y ha hablado de abandonar la familia.

Ken la interrumpió.

—En este momento no creo estar contribuyendo con nada que sea positivo para la familia.

—¿Quiere decir que si continúa en la misma situación dentro de la casa, sólo puede resultar negativo y sería mejor que no estuviese allí? —le pregunté.

—Correcto.

Comprendí que Ken amenazaba con abandonar la familia en un intento por recuperar el poder que estaba perdiendo. Tal vez pensaba que, ante la perspectiva de que se fuese del hogar, la madre y las niñas se lo pensarían y dejarían de acusarlo por su violencia. También era posible que yo cambiase el centro de atención en la terapia. Es típico que, al ser enfrentados con su violencia, esta clase de hombres profieran amenazas agresivas, incluso contra el terapeuta, o que hablen de abandonar a la familia. Yo tenía que desenmascararlo y no permitir que me silenciase a mí ni a su esposa tal como había hecho en el pasado cuando, en meses de terapia, nadie había mencionado su violencia.

—Y lo que dice tiene sentido, porque la situación es muy peligrosa —observé, apoyando la idea de que quizás debiese abandonar la familia.

—Pero a mí me parece igual de peligroso que se vaya —dijo la esposa.

—¿En qué forma? —pregunté.

—Para Kristen —respondió ella con los ojos llenos de lágrimas—. Se culpa tanto a sí misma. Su actitud es "cuando yo no esté en la casa, las cosas mejorarán". Piensa que en un noventa por ciento, es la culpable de que la familia no se lleve bien, y que cuando ella no esté la situación mejorará.

—¿Porque es fuente de mucha irritación?

—Sí. Y porque es tan explosiva.

—Por lo tanto no sabe cuánta responsabilidad es de ella y cuánta del padre —observé—. Está confundida al respecto.

—Así es —dijo la madre.

—Entonces uno de los temas, no sólo para usted, Ken, sino también para Kristen, es no saber si quedarse o partir, si vivir o morir. El hecho de que Kristen no sepa si quiere vivir o morir parece similar a su problema de no saber si quiere irse de la casa o no. Y creo que eso forma parte de la confusión sobre el papel de cada uno y la forma en que cada uno lastima a alguien en la casa, lo cual debe ser clarificado. Y también es importante que se clarifique la cuestión de la responsabilidad; por el bien de ustedes dos, de Kristen y de las otras dos niñas.

Volví a abordar el tema de la responsabilidad del padre ante su propia violencia, lo cual era el tema principal de nuestra terapia, no su amenaza de abandonar a la familia.

—Estoy de acuerdo en que el tema de la responsabilidad es algo muy turbio —dijo Ken—. No comprendo la conexión entre que Kristen quiera morir, y en realidad no creo que desee morir, y el hecho de que yo quiera marcharme.

—Bueno, usted ha hablado de ello —le dije—. No sé si quiere marcharse o no. Lo único que sé es que ha dicho "voy a marcharme", y que luego no lo ha hecho.

—Es cierto —aceptó Ken.

—Kristen dice "voy a matarme", y luego no lo hace.

—De acuerdo. Muy bien. En ese sentido es similar.

—Y creo que es muy importante para todos nosotros, incluso para las niñas, aclarar exactamente cuál es la verdad, qué ha ocurrido, cuáles son los secretos familiares. Quién le hizo qué a quién. Y entonces empezar de cero. Yo no creo en mantener unida a la familia cuando las personas no son felices viviendo juntas. Pero pienso que si están viviendo en una situación que conduce a la violencia, no es una buena situación.

—Es cierto —dijo Ken.

—Entonces no trataré de mantenerlos en esa situación.

Me volví hacia Laura, la madre, quien estaba llorando.

—Yo sé que es difícil pensar en una separación cuando se ama a alguien, pero también creo que usted está atrapada en una situación muy difícil. No querrá estar con un hombre que constantemente le dice que no la quiere.

Laura empezó a explicar algunos detalles de la violencia de Ken.

—Cuando Kristen y Ken peleaban, ella lo insultaba y él la golpeaba. Cuando pienso en ello ahora, me doy cuenta de que escapaba de control. En esos momentos, yo me apartaba; trataba de dejar que tuviesen su propia relación. No quería meterme en el medio. Pero no es algo constante. No creo que mi familia sea del tipo violento.

—Yo creo que sí —le dije.

En la primera sesión, mientras analizábamos la violencia del padre con las niñas y los adultos, también había explorado la posibilidad de que hubiese existido abuso sexual, y estaba segura de que no habían habido episodios por el estilo. No obstante la intensidad de la violencia en la relación padre-hija tenía connotaciones de abuso sexual. El contacto físico violento puede tener las características de la perversión sexual, aunque no implique ningún contacto con los órganos genitales.

La madre respondió a mi afirmación con sorpresa.

—¿De veras?

—Sí, y creo que es bastante grave. Me parece muy importante clarificar...

Ella me interrumpió.

—Yo no lo veo así.

—... qué fue lo que ocurrió exactamente —continué.

Laura comenzó a explicar uno de los episodios de violencia.

—Kristen estaba en la cocina, y Ken dijo: "He lastimado a tu hija. Ve a verla". Yo le contesté: "Si la has lastimado tú, ve tú". Entonces él abandonó la casa. Yo fui a la cocina y la vi en el suelo. Le pregunté si estaba bien y me dijo: "No sé, no sé si me desmayé o no". Y estaba muy perturbada, pero en ese momento interpreté que estaba dramatizando las cosas.

Richard, el terapeuta anterior, que compartía con nosotros la sesión, se mostró muy sorprendido.

—No puede tener amnesia de las cosas que dijo dos semanas atrás, sentada exactamente donde me encuentro yo hoy —replicó Richard.

—¿Qué cosas? —preguntó la madre, como si no supiese a qué se refería.

—Hablábamos sobre el episodio de violencia, y usted dijo que se sentía muy mal porque hacía años que ocurrían esas cosas, y que ahora reconocía que continuaban sucediendo. Estaba sentada en este mismo lugar.

—Lo reconozco... —emitió un sollozo y comenzó a llorar.

—¿Le preocupa que si habla de esto él vaya a irse de la casa? —le pregunté.

—Bueno, me parece como un animal enjaulado.

—¿Teme que le haga daño o que se vaya?

—No tengo miedo de que me haga daño —respondió ella.

—¿Le preocupa que lastime a las niñas? —le pregunté.

—Le tengo miedo a su carácter. Lo veo perder el control, y siempre me asusta. Hay una tensión permanente en la casa, y siempre tengo miedo de que se enfade —Laura lloraba mientras hablaba.

—¿Y por qué es como un animal enjaulado? —le pregunté.

—Creo que lo veo intentarlo, de verdad. En mi mente puedo verlo intentarlo. Usted no estará de acuerdo con esto —respondió—. En mi mente lo veo intentarlo con mucha, mucha fuerza, pero siempre aparece algo como "si la casa estuviese ordenada, o le prestases menos atención a las niñas...". El siempre se concentra en algo en particular, y trabaja en ello. Es una persona muy testaruda. Y nunca lo he visto trabajar en lo que yo creo que debe ocurrir, pero supongo que tengo la esperanza de que lo haga algún día.

Yo pensaba en cómo, al igual que todos los padres abusivos, Ken era extremadamente inmaduro.

—De todos modos eso no responde por qué es un animal —le dije.

—Lo siento; me fui de tema. Ahora parece que supiera que tiene que cambiar. Se siente muy mal con lo que pasó, pero no encuentra la salida. Sabe que tiene que cambiar, quiere cambiar, pero ahí está... atrapado en la jaula buscando un modo de... —trató de encontrar la palabra indicada.

—Y la manera de ayudarlo —le dije— es no negar, no servirle de pantalla, no distorsionar. Usted puede ayudarlo a enfrentar la responsabilidad de lo que haya ocurrido, y a reparar lo que debe ser reparado...

—Lo que me cuesta mucho es... —dijo Laura.

Yo continué.

—Porque si no, lo estará tratando como si fuera un animal.

—¡No! —exclamó Laura—. ¡Pero me cuesta mucho decir que es una familia violenta! Yo creo que no es...

—Yo no creo que exista una familia violenta —le dije—. Los individuos son violentos. ¿A qué se refiere cuando habla de una "familia violenta"?

—No, pero...

—No creo que sus tres hijas sean violentas. Es posible que lo sean, pero yo no lo he notado.

—No —dijo Laura—, no lo son. Ha habido violencia, y no sé cómo...

Ken nos interrumpió.

—Sí, sí. Ha habido violencia en los últimos cinco años, y hemos discutido varias veces cada uno de los episodios. En todos los casos ha sido mi culpa. No hay duda sobre eso. Yo no tengo duda. Creo que ellas tampoco. Pero creo que lo que Laura trata de decir es que por terrible que sea, lo peor es el nivel de tensión que todos sentimos cuando estamos en la casa, independientemente del temor por la violencia. Pienso que..., ¿es eso lo que tratas de decir, Laura?

Ella asintió con la cabeza.

—¿Es correcta la descripción de su esposa? —le pregunté a Ken—. ¿Su bienestar depende tanto de lo que hace el resto de la familia o de su conducta hacia usted que, por ejemplo, si la casa estuviese más ordenada usted estaría más contento? ¿Es una descripción correcta?

Comenzaba el proceso de redefinir el significado de la violencia paterna. Redefinía sus exigencias y su mal carácter, haciendo a un lado la firmeza justiciera que probablemente experimentaba para mostrarlo dependiente de su mujer y su familia. En lugar de ser un hombre poderoso, era como un niño: su felicidad y bienestar dependían de que la casa estuviese ordenada.

—La respuesta a esa pregunta ha variado con el correr del tiempo. Sí; hubo una época en que pensaba que era así —Ken trataba de ser muy racional.

—Regresemos a lo que me pareció más importante —le dije—. Usted afirmó que consideraba que todo era su responsabilidad —nuevamente lo induje a hacerse responsable de la violencia.

—¿Todo qué? —preguntó Ken.

—La violencia.

—Sí —dijo él.

—Los episodios de violencia fueron su responsabilidad —le repetí.

—No hay duda al respecto — me respondió.

—Es muy importante aclarar eso frente a las niñas —le dije—. Y también es importante hablar sobre todos los episodios, lo que ocurrió exactamente en cada uno, y cuál fue su responsabilidad. Porque este silencio causa mucho daño psicológico. El temor de las niñas es que en alguna forma hayan sido ellas las culpables...

La madre intervino llorosa.

—Esa es la parte que me preocupa.

—Temen que toda la desdicha sea causada por ellas —continué—. Y no creo que le agrade que su esposa lo considere un animal enjaulado. Lo describe como a alguien... un animal asustado y atrapado que le teme hasta a las niñas.

La metáfora de la madre había sido la de un animal poderoso que infundía miedo. Deliberadamente, yo la transformé en la de un ser impotente, asustado e inmaduro. Debía quitar cualquier símbolo de poder o masculinidad que encontrasen en la imagen de un hombre violento. No era poderoso ni amenazante; en lugar de ello, estaba atrapado, asustado y atormentado. Al trabajar con un hombre violento, resulta crucial transformar la metáfora de violencia del poder y la virilidad a la impotencia y el ridículo.

—¿Por qué querría vivir con una descripción semejante de usted mismo? —agregué.

—Además —dijo Ken con tristeza —. No he sido capaz de demostrar afecto.

—La razón de ello —respondí—, es que cuando ocurren ciertas cosas malas en una familia, resulta imposible corregir nada a menos que exista cierto reconocimiento de lo ocurrido, alguna aceptación y acuerdo mutuo. Y también una disculpa. Por lo tanto, antes de eso es imposible que ella pueda recibir su afecto o que usted pueda dárselo.

—Todo esto me resulta tan difícil —dijo la madre. Todavía lloraba.

Me volví hacia ella.

—¿Qué fue lo peor que le ocurrió en la vida? —sospechaba que Laura estaba tan conmovida, que le resultaba tan difícil reconocer la violencia de su esposo, porque había sufrido situaciones violentas en su infancia.

—¿A qué se refiere?

—En toda su vida, no necesariamente en la de casada.

—Bueno, verá —me dijo—, lo que más difícil me resulta es decidir si... ¡estoy muy confundida!

—¿Tuvo una infancia muy dolorosa? —le pregunté.

—Crecí en un hogar violento, muy violento. Por eso, tal vez por comparación, éste no me lo parece. Ni siquiera pertenece a la misma categoría.

—¿Fue maltratada?

—No.

—¿Quién lo fue?

—Mi madre.

—¿En qué forma?

Laura suspiró.

—Ahora mi padre es un alcohólico recuperado. Pero desde que cumplí los diez años en adelante, actuaba con mucha violencia. Ante cada problema de la familia, como que dos de nosotros peleáramos o el coche no arrancase; él no nos gritaba a nosotros sino que se desquitaba con mi madre. Si cometíamos algún error o él averiguaba algo, ella recibía el castigo. Y era muy violento...

—Por lo tanto siempre se sintió responsable —la alenté para que continuase.

—Siempre éramos responsables por ella y por cada uno de los otros. Teníamos un sistema (éramos siete hermanos) para protegernos entre nosotros. Un sistema increíble para protegernos y asegurarnos de que él no se enterase. Además era un secreto familiar. Nadie más sabía...

—Tal vez no hubiese podido golpearla si otros lo hubiesen sabido, ¿no le parece? —le pregunté.

—Sí. Bueno, era horrible. Tengo un hermano que vivía con un machete bajo la cama. Era un hogar muy violento. Pero...

—¿Maltrataba a sus hermanos?

—Solía perseguir a los varones.

—¿Quién fue la persona que más la amó en la vida?

—No sé cómo responder a eso. Ken me ha amado mucho. Por violento que fuera, mi padre me adoraba. Mi madre... tengo una relación muy estrecha con ella. Todos mis hermanos son muy buenos amigos míos.

—Por lo tanto sabe que puede existir una gran tensión y violencia, y sin embargo haber amor —le dije.

—Sí; y eso estaba muy claro en casa. Sabía que mi padre me quería profundamente, aunque de todos modos había una violencia terrible.

—Así que probablemente, usted sea más tolerante que otras personas con esta clase de conflictos. Podría vivir eternamente en una situación semejante porque siempre lo ha hecho —le dije.

Ella asintió.

Me volví hacia Ken.

—¿Cuál fue la peor situación, lo más terrible que le ocurrió?

—Creo que lo que estoy atravesando ahora es lo peor que me pasó jamás —respondió él.

—¿Qué parte de la situación?

—Tomar conciencia de algunas de las cosas que he hecho... es la parte más devastadora, más incómoda... aunque creo que lo peor es la frustración que siento a dos niveles diferentes. Uno es la dificultad para comunicarme con Laura, y el otro es la frustración de no poder hacer nada positivo respecto de lo que reconozco como una mala situación. El hecho de que lastimo a mis hijas. El hecho de que ayer les dije que pensaba marcharme. Nunca pensé que ocurrirían cosas como éstas —sollozaba al hablar—. Y no pude hacer nada para impedir que ocurriesen.

—En la sesión anterior —le dije—, se disculpó ante las niñas y eso fue un muy buen comienzo. Quisiera que recordase cada episodio con sus hijas y reconociese su responsabilidad, que ellas no lo provocaron, que cualquiera que haya sido su conducta no se justificaba el castigo, y que volviese a disculparse con ellas. En particular ante Kristen; pero es muy importante que las tres tengan sentido de la realidad, de modo que todos concuerden en lo que realmente pasó, y por qué estuvo mal. Ese primer paso es muy importante. Y por supuesto que también es muy importante que no vuelva a ocurrir.

—Eso es muy cierto —dijo él.

Yo estaba pensando en la familia de Laura: su madre había pagado por lo que ella hacía mal. En este caso, sospechaba que Kristen pagaba por los errores de Laura.

Le pregunté a Ken:

—¿En qué medida cuando castiga a Kristen en realidad quiere castigar a Laura?

—En una medida considerable. No sé cómo evaluarlo en porcentajes, pero sin duda el último episodio en el coche estaba mayormente dirigido a Laura. No lo comprendí hasta más tarde...

—¿Y entonces por qué no golpeó a Laura? —pregunté comprendiendo que Kristen se ofrecía a sí misma en sacrificio para proteger a su madre. Probablemente, la frustración del padre surgía de la falta de afecto y la ausencia total de relaciones sexuales con Laura. Supuse que cuando Kristen percibía la ira de su padre contra su madre, lo provocaba para que él descargase su frustración golpeándola a ella y no a Laura. Curiosamente, ésta había logrado vivir con un padre y un marido violentos sin nunca ser ella el blanco de la violencia.

Ken respondió a mi pregunta.

—Nunca se me ocurriría golpear a Laura... no puedo...

—¿Le tiene miedo?

—En ciertos sentidos, sí. Lo que lleva a la violencia es la frustración —se volvió hacia Laura—. Creo que cierta vez que terminaste en el suelo, no entendí cómo había pasado pero confesé que era mi culpa. No la golpeé, pero la empujé —me aclaró—. Hice algo físico para apartarla de mi camino. En ese momento comprendí que no podía hacer eso y al mismo tiempo ser protector —suspiró profundamente—. No dejaba de hacer cosas que la disgustaban. Cuando sentía que aumentaba el nivel de frustración, sólo apagaba y abandonaba la casa. Así fue como generé mecanismos protectores. Y supongo que con Kristen en el coche, esos mecanismos no funcionaron.

—Igual es importante —dije yo— retroceder en el tiempo y recordar cada episodio negativo entre los dos. Entiendo que es algo muy difícil para usted, Laura, ya que su imagen de lo negativo es realmente horrible, debido a su infancia. Por ello le resulta difícil ser realista. Pero no protege a sus hijas al adoptar esta actitud. Debe comprender que estuvo en una situación en la que su conducta podía resultar en un castigo terrible para su madre, y Kristen está en una situación donde su conducta resulta en protección hacia usted. Ella recibe los golpes en su lugar, y usted no quiere eso.

—Vi eso claramente —dijo Laura llorando—, el día en que se interpuso para proteger a Caroline. (Se refería a un episodio descripto en la sesión anterior, en la que Kristen había logrado recibir los golpes en lugar de Caroline, a quien el padre estaba a punto de pegar.)

—Permítanme hacer algunas sugerencias, y si lo desean las pondré por escrito —les dije—. Quisiera que usted, Ken, pase el menor tiempo posible con las niñas y en la casa. Esto no será para siempre, sólo por unas pocas semanas. Mientras tanto, deberá concentrarse en llevar una vida adulta con su esposa.

»En las próximas semanas, sea la clase de padre que llega a casa por las noches, saluda a sus hijas y luego va a su estudio donde espera a que su esposa esté libre para reunirse con él. Podrá hablar con las niñas lo necesario para averiguar si están bien, preguntarles por sus tareas y nada más. En el fin de semana, quisiera que haga cualquier cosa que le interese, pero procure que sea con su esposa. Vaya a un cine, a cenar, salga con amigos o lo que sea.

»Me gustaría que usted, Laura, no le pida ayuda para llevar a las niñas al colegio ni para ninguna otra cosa. Ellas y la casa son su territorio, su trabajo, y tendrá que encontrar una manera para arreglárselas. Ambos han dicho que lo peor que les ha pasado es el conflicto entre ustedes, por lo que tienen que sacar a las tres niñas de él para encontrarse cara a cara y resolverlo. Están confundidos sobre las tareas de cada uno y sobre quién está a cargo de qué en relación con las niñas. Por eso ellas intervienen en la relación tratando de salvarlos, pero sólo empeoran las cosas. No quiero que Ken la reemplace en sus tareas como madre. Por el momento no quiero que sea esa clase de padre. Lo primero que hay que hacer cuando hay demasiada tensión y violencia es apartarse de la situación para que no vuelva a producirse.

Pensaba que lo primero que debía hacerse en situaciones de violencia era separar a la víctima del victimario. Continué:

—Quiero que mantengan conversaciones sobre temas adultos, sobre ustedes dos, y que dediquen el menor tiempo posible a las niñas.

—Durante un tiempo —dijo Laura— íbamos a intentar salir los fines de semana.

Yo miré a Ken.

—Creo que es eso lo que le produce la sensación de estar enjaulado. Aparte de su trabajo, no lleva una vida adulta. Llega a casa y nunca es perfecto, nunca es como debería ser porque a usted no puede resultarle satisfactorio; ha pasado demasiado tiempo de ese modo. Creo que si llevara un estilo de vida más adulto, se acabaría la violencia. Serían capaces de volver a reunirse. No puedo garantizar que se gusten el uno al otro, pero al menos tendrán la oportunidad. Y creo que es probable que se gusten, ya que tal vez sea por eso que según dicen ambos, lo peor de la vida es el conflicto entre ustedes —giré hacia Ken—. Se tomará vacaciones de las niñas por un tiempo. ¿Le parece bien?

—Sí —dijo él con énfasis.

—Así protegerán la relación —hice un gesto que los abarcaba a los dos— de las intrusiones de otras personas. ¿Podemos fijar un día y una hora para que ustedes se encuentren a hablar de las niñas? El resto del tiempo no lo harán —sabía que Laura había estado evitando a Ken tanto en lo sexual como en lo emocional, pero parecía muy perturbada ante la idea de que él abandonase a la familia. Me pareció que se aferraba a él fingiendo que su ayuda con las niñas era esencial, cuando en realidad era muy competente para ocuparse de sus necesidades. La pareja se mantenía unida a través de las niñas, y yo debía limitar su poder. Por lo tanto comencé por sugerir que no hablasen de ellas más que una vez por semana.

—Los domingos por la noche —dijo Laura.

—¿Dónde? Sería mejor fuera de la casa.

—Saldremos a dar un paseo andando.

—No me gusta eso —le dije—. Discúlpeme, pero puede terminarse abruptamente. Es mejor sentarse en un restaurante y ordenar una comida, de modo que estén allí al menos media hora.

—El principal problema con esto —respondió Laura— es la comunicación. Cuando Kristen expresa la clase de cosas que está expresando.

—¿No quieren hablar entre ustedes? —le pregunté.

—Pero entonces toda la responsabilidad caerá sobre mis hombros —dijo Laura y comenzó a llorar otra vez.

—¿Por qué?

Ken me explicó:

—La tranquiliza saber que si necesita ayuda, yo estaré disponible para apoyarla.

—Eso es exactamente lo que no quiero que ocurra —les dije—. Así no funciona.

—Creo que me siento bastante insegura yo sola —dijo Laura—, cuando Kristen expresa algunas de las cosas que está expresando.

—Llámenos —le ofrecí refiriéndome a mí misma y a Richard, el terapeuta anterior—. Además, si las cosas le resultan demasiado difíciles, llame a su madre y cuéntele todo —me encaré con Ken—. Usted ha dado un gran paso hoy y la última vez, al asumir su responsabilidad y reconocer lo que ha hecho con las niñas en términos de violencia. Ahora hay una cosa más que debe hacer. Llame o escriba a los Servicios de Protección de Menores y cuénteles lo ocurrido. Me gustaría que lo hicieran los dos juntos.

—Servicios de Protección es... ah... —dijo Ken.

—El Departamento de Servicios Sociales —completé yo—. Explíqueles que esto es lo que ha pasado en la familia, que ha estado violento con Kristen en ciertas ocasiones, y con Caroline, que se encuentra en terapia y que se está controlando, no volverá a ocurrir. Se sentirá mejor con su conciencia después de hacerlo. Es muy importante. Y para su esposa también porque no estará ocultando la verdad para protegerlo.

—Muy bien —dijo Ken.

—Ella se preocupa por ser una buena madre —continué—. Usted valora eso en ella. Y esto es ser una buena madre; ocultar la verdad para protegerlo no lo es.

—¿Y las niñas deben leer esa carta? —preguntó Ken.

—Sí —dije yo—. Haga una copia para que ellas la lean, y preferiría que lo hagan aquí.

—Muy bien —dijo Ken.

—Pregunte a su esposa si está dispuesta a ayudarlo —le sugerí.

—¿A redactarla? —preguntó él.

—Sí.

—¿Me ayudarás? —le preguntó a Laura.

—Todo esto me resulta muy difícil —dijo ella. Entonces comenzó a llorar. Ken aguardó en silencio a que se controlase—. No lo sé —continuó—, todo esto me resulta muy difícil. Creo que ni siquiera... hasta me cuesta aceptarlo.

—Lo sé —dije yo—, pero eso es parte del problema.

—¿Aceptar qué? —preguntó Ken.

—Aceptar que esto ha ocurrido —respondí.

Laura lloraba.

—No es que quiera ocultar la verdad... y es por eso que me enfadaba tanto contigo.

—Lo sé, lo sé —dije yo.

—Porque siempre decías esas cosas... yo quería decirte "no, no entiendes".

—Lo sé —repetí—, pero es justamente el silencio lo que hace posible la violencia. Cuando las cosas se saben, las conductas violentas no se producen porque nos protege la sociedad. Venir a vernos ha sido un gran paso. Otro es hablar al respecto, reunirse como familia. Si lo divulgan no volverá a ocurrir.

—¿Pero qué pasará con las niñas? —preguntó Laura.

—Esto confirmará su realidad, porque lo que enloquece a una persona es saber que algo está ocurriendo y escuchar que no es así.

—Lo sé —dijo Laura.

—Los niños son capaces de enfrentar muchas situaciones difíciles en la vida. Creo que usted puede decirles: "Como adulto no soy lo que querría ser; no soy la persona perfecta que me gustaría ser; lejos de ello... pierdo el control; hago cosas malas". Ellas podrán comprender eso, serán capaces de enfrentarlo. Lo que es muy difícil de manejar es la incoherencia de la situación, las mentiras... eso es muy difícil de enfrentar.

—Algunas cosas se me aclaran —dijo Laura—. Recuerdo que, cuando era niña, fui a ver a un sacerdote y le dije que pensaba que mi padre había atacado a mi madre con un cuchillo. El me miró y dijo: "Estás loca... nunca vuelvas a hablar de ese modo". Así que pasé todo el año siguiente pensando que debía estar loca. Ella dijo que se había lastimado con un abrelatas, ¡y durante horas traté de cortarme el brazo con un abrelatas igual que ella! Pero entiendo lo que usted dice: lo manteníamos en un secreto absoluto. No hablábamos entre nosotros.

—Así es —le dije—. Y así fue como siguió y siguió —me sentía muy cansada. El esfuerzo por lograr que Laura tomara conciencia de esto me había agotado.

—¡Por Dios! —dijo Laura.

—Muy bien, ¿entonces estamos de acuerdo? —pregunté.

—Esto me resulta muy difícil —dijo Laura. Todavía lloraba.

—Se sentirá muy aliviada —le dije—. Todo será

mucho mejor. Y no tiene que hacerlo en forma intelectual; no es necesario que ponga nombres a lo ocurrido —Laura lloraba desconsoladamente—. Sólo describa los hechos —continué—. Es lo mejor que puede hacer por su esposo y por las niñas, y también por usted —Laura se sonó la nariz con fuerza. Yo miré al marido—. La ayudará a ser lo bastante fuerte como para hacerlo?

El asintió con la cabeza.

—Muy bien. La próxima vez traerán una copia de la carta, y vendrán con las niñas.

Sabía que debía denunciar al padre ante los Servicios de Protección, pero quería que lo hiciese él mismo de modo que asumiese toda la responsabilidad por lo que había hecho. Quería que la madre participase en la denuncia ante las autoridades, de modo que ella también se hiciese responsable de no haber protegido a sus hijas contra la violencia paterna.

Había logrado mis objetivos para la segunda sesión.

LA TERCERA SESION

Mis objetivos para la tercera sesión eran simples: que el padre leyera a la familia su carta a los Servicios de Protección, que me la entregase para que yo la despachara, e iniciar una conversación sobre cómo podían mejorarse las relaciones en la familia.

Comencé la sesión diciendo a las niñas:

—La vez anterior, sus padres vinieron solos y tomaron algunas decisiones. Ahora tienen algo que mostrarles —me volví hacia Ken—. ¿La ha traído?

—¿La carta? —preguntó él—. Sí —me la entregó.

—¿Quiere leérsela a ellas? —le pregunté.

—Si —respondió él—. Es una carta dirigida al Departamento de Servicios de Protección de Menores:

A quien corresponda:
Quisiera informar a su oficina sobre un problema que ha experimentado mi familia. Laura y yo hemos estado casados veintiún años. Cinco años atrás, tuvimos una discusión durante la cual la empujé y la hice caer al suelo, donde permaneció inconsciente durante un par de minutos. A partir de entonces, se produjeron episodios de violencia entre yo y mi hija mayor, Kristen, de diecisiete años. Recuerdo tres ocasiones en que la golpée con la mano abierta, una vez en que le hice sangrar el labio y otra en que la golpée con fuerza en la cabeza.
Mi hija algo menor, Caroline, no escapó a mis ataques violentos. En una ocasión, mientras estábamos en el coche, le golpée la pierna con el puño cerrado, y también creo haberle dado en el estómago aunque el recuerdo de esto no está claro. Sólo mi hija menor, Sherry, ha escapado al maltrato físico por mi parte.
Recientemente, con la ayuda de profesionales, he reconocido la gravedad de mis actos. Lamento profundamente que mi esposa y mis hijas hayan sufrido físicamente debido a mis acciones inexcusables. Aunque los problemas familiares todavía no han sido resueltos, avanzamos hacia ese objetivo y creo fervientemente que mi familia ya no corre el riesgo de sufrir ataques violentos por mi parte.
Sinceramente

Ken Jones

Hubo un silencio cuando Ken dejó de leer. Entonces se dirigió a las niñas.

—Esto es algo que me pidieron que hiciera y que a mí me pareció importante hacer. Así todos podremos asegurarnos de reconocer el hecho de que se ha acabado esto de golpear a las personas, que no volverá a ocurrir.

—Si envías eso a alguna parte —preguntó Kristen—, ¿se verá dañada tu carrera o algo así? —ella volvía a mostrar protección hacia su padre, no sólo hacia su madre. Sin duda, la carta podía dañar seriamente la carrera del padre y su posición en la comunidad.

—Es la verdad —dijo Ken—. Así son las cosas. Es lo que pasó.

—¿Por qué tiene que ser enviada a alguna parte? —preguntó Kristen.

—Creo que debe ser despachada para que otras personas tengan conocimiento del problema —respondió Ken.

—No es asunto de otros —se quejó Kristen con tono beligerante.

—Lo es y no lo es —dijo Ken—. Depende de que sea necesario que lo sepan para que esto nunca vuelva a ocurrir.

—Bueno —respondió Kristen—, pero, ¿qué van a hacer?

—No sé qué van a hacer —dijo el padre—. Es probable que envíen a un asistente social a la casa para ver qué está pasando.

—Puede que lo hagan —intervine yo—, o puede que no.

—Todavía no has despachado la carta, ¿verdad? —preguntó la madre.

—No, no —dijo Ken—. Apenas la escribí anoche.

—Entonces yo la despacharé hoy —le dije.

—¿A alguien del gobierno? —preguntó Laura.

—Ahá —respondió Ken.

La madre comenzó a llorar. Las niñas parecían muy asustadas.

Me volví hacia ellas.

—Es ilegal golpear a alguien, y cuando uno ha cometido un acto contra la ley lo más honesto es informarlo a la justicia. Será una protección para vosotras y también para vuestra madre, porque si algo de esto volviese a ocurrir el Departamento de Servicios Sociales acusaría a la madre de cómplice por no haber informado —miré a Laura—. Por eso es muy importante que, al final de la carta, usted agregue de su puño y letra "Lo expresado anteriormente es cierto, y estoy de acuerdo con mi esposo en informarlo". Al firmarlo con su nombre estará protegida.

La carta fue firmada y yo la despaché. Un par de semanas después recibí una llamada de los Servicios de Protección. La persona que llamó no parecía convencida y no lograba entender el valor terapéutico de que el padre se denunciase a sí mismo, en lugar de que lo hiciese yo. Me disculpé y prometí que continuaría con la terapia y les informaría en caso de que se presentase algún otro problema.

EL CURSO DE LA TERAPIA

Continué trabajando con la familia. En ocasiones los veía a todos juntos; otras veces me encontraba con los padres o con Kristen a solas. No se produjeron más episodios de violencia. Me concentré en la comunicación dentro de la familia, y en la relación de Ken y Laura con sus propios padres. La conducta de Kristen mejoró, pero aunque había sido admitida en la universidad de su elección, ella dijo que no sabía si estaba lista para la universidad y que tal vez debía quedarse en casa.

Comprendí que Kristen no podía dejar a sus padres con una relación tan deplorable. Pero cada intento que hacía por mejorar la situación del matrimonio era como empujar a un elefante. El padre parecía interesado en acercarse a su esposa, pero la madre lo rechazaba y no quería explicar la razón. Decidí hacer algo inusual para mejorar la relación entre los padres y ayudar a Kristen a dejarlos.

Kristen aconseja a su padre

Decidí invitar sólo a Kristen y a su padre a una sesión. Primero hablaría con la joven a solas, y analizaríamos juntas la manera en que ella podía aconsejar a su padre para que el matrimonio mejorase. Entonces el padre entraría al consultorio, y Kristen le daría sus consejos.

Esta intervención tenía varios objetivos. Primero, Kristen necesitaba un ritual que marcase su transición a una vida adulta, ahora que estaba por cumplir los dieciocho años e ir a la universidad. Aconsejar a su padre significaba que no sólo era considerada una adulta, sino que también era una igual o incluso superior a su padre. Segundo, era importante quebrar el fuerte lazo que mantenía unidos a padre e hija, de modo que él pudiese estar más cerca de su esposa y ella pudiese partir. Si lo aconsejaba sobre el modo de ganarse a su esposa nuevamente, en realidad le estaría diciendo "Tu esposa es ella, no yo. Ve con ella". En tercer lugar, para que Kristen se convirtiese en una mujer, debía acercarse a su madre. Al aconsejar a Ken para que éste recuperase a su esposa, Kristen tendría que ponerse en el lugar de Laura de modo de comprenderla, y al identificarse con ella se sentiría más cerca.

Comencé por hablar con Kristen a solas.

—¿Qué piensas que desea tu madre de tu padre? —le pregunté.

—Creo que lo que quiere es que sea él mismo, y no como... quiero decir, tengo la sensación de que o bien es él mismo, no presta atención a nadie y se queda en su trabajo o bien finge, viene a casa y trata de ser el hombre de familia; usted ya sabe. Y eso es muy molesto porque en realidad él no es así.

—Así que ella querría que fuese auténtico —dije.

—Sí, no de los que dicen "Laura, te traje flores", porque él no es así.

Le entregué una libreta.

—Deberías tomar nota de estas cosas, así las recordarás después.

—El sólo... —continuó Kristen—. Creo que sólo tienen una relación demasiado profesional. Me refiero a que él llega a casa y dice cosas como "Hay que limpiar esto, hay que hacer aquello...". El otro día vino mi amigo Eric y dijo: "¡Dios, tu papá! ¡Hay tanta tensión!" Es que él llega y es como si... —Kristen emitió un gruñido—. El provoca mucha tensión todo el tiempo y creo que esto fastidia a mi madre, aunque hasta cierto punto ella también lo hace.

—Entonces lo que quieres decir es... —comencé yo.

—Cortar la relación profesional —dijo Kristen.

—¿Qué piensas que querría ella? ¿Crees que le gustaría que tu padre dijese: "Salgamos y pasemos la noche a solas"?

—Sí, creo que debería pasar algo de tiempo con ella.

—¿Debería sugerir que saliesen a cenar?

—¿Por qué no se van de vacaciones? —preguntó Kristen—. Quiero decir, si nada más salen a cenar ya los imagino hablando sólo de nosotras; ya lo sabe.

Yo estaba fascinada por lo bien que conocía Kristen a sus padres.

—Entonces anota —le dije—. Salir a cenar y no hablar de las niñas.

—Sí.

—Yo misma he sugerido algunas de estas cosas —agregué—, pero creo que tú tendrás más fuerza que yo.

—El es tan autoritario —reflexionó Kristen—, y tan brusco con ella. Por ejemplo dice: "Ella no verificó el saldo en la cuenta de cheques", y se pone furioso. Yo le contesto: "Déjame tranquila... ¡a quién le importa si no lo hizo!" Es demasiado... creo que sólo necesitaría ser más tierno.

—¿Y si él le pidiera su opinión sobre las cosas? —le sugerí.

—Sí.

—¿Pedirle opinión al menos dos veces por día? —agregué.

—No, creo que eso sería demasiado. Me parece que tiene que ser un poco más natural. Cuando él trata de hacer demasiado exagera las cosas, y quiero evitar eso a toda costa porque ella terminaría subida a un árbol —era notable lo bien que Kristen comprendía a sus padres. Como todo buen científico, el padre era bastante obsesivo. Por lo tanto si empezaba a contar, se obsesionaría para siempre.

Kristen continuó.

—En realidad, me parece que es machista. El siempre dice que no lo es, pero yo creo que sí. Creo que algo chauvinista.

—Bueno, pensemos en positivo —dije yo.

—Me parece que debería borrarlo todo y empezar de nuevo con ella.

—¿Y hacer qué? Anota eso —Le señalé el papel—. Borrar todo y empezar de nuevo.

—Tal vez deberían planear su próximo aniversario... no volver a casarse, pero...

—Renovar sus votos maritales —dije yo.

—Sí, algo así.

—¡Es una gran idea! —exclamé.

—Podrían irse de viaje, algo así como una segunda luna de miel. Tomarse un año para arreglar las cosas.

—¡Eso es una gran idea!

—Mi papá es tan poco excéntrico —continuó Kristen—. Es tan normal que resulta fastidioso.

—¿Hacer alguna locura? —sugerí.

—Sí, sólo necesita ser menos normal —pensó durante un momento—. Creo que debería afeitarse la barba.

—¡Oh, eso sería un gran cambio!

Kristen rió.

—A él no va a gustarle, pero tal vez si actúa de un modo diferente y también se ve diferente... Creo que se le quitarían veinte años. Me parece que se lo ve al menos veinte años más viejo con barba, porque aunque tiene poco pelo no está tan canoso, y su barba es completamente gris. Se ve como si tuviera sesenta o setenta, cuando sólo tiene cuarenta.

—¡No! —reí yo.

Las recomendaciones de Kristen eran sabias y apropiadas. Luego procedió a explicarme cómo su abuelo podía ser un buen modelo para su padre.

—Al mirar a mis abuelos se nota que están enamorados. El abuelo suele contar sus anécdotas durante horas y dice: "Esta mujercita que está sentada aquí, ella es mi vida".

—Entonces recuérdaselos, porque los ha visto muchas veces —le dije—. Tienes una excelente lista de sugerencias. Le diré que entre y podrás aconsejarlo.

Hice pasar al padre que estaba en la sala de espera.

—Le pedí a Kristen que lo ayudara con algunos consejos para ganarse a su esposa y enamorarla —le expliqué—, cómo seducirla y lograr que usted vuelva a gustarle, porque creo que eso es un problema.

—Estoy de acuerdo —dijo Ken.

—Creo que lo ha intentado sin éxito, y que eso lo ha frustrado —agregué.

—Es cierto.

—Y creo que Kristen la conoce muy bien. Ella podrá sugerirle algunas cosas en forma amable y compasiva —destaqué, mirando a Kristen para recordarle que no se trataba de criticar a su padre—. Ella ha preparado una larga lista.

—¿Una larga lista? —dijo Ken—. Bien. Eso es alentador.

Me volví hacia Kristen.

—Puedes empezar por cualquier lugar de la lista que prefieras, y luego entregársela.

—Soy todo oídos —dijo el padre.

—Se lo que quieras —comenzó Kristen—, no lo que crees que ella quiere. Tú la miras y piensas "creo que ella quiere que haga esto", entonces lo haces, pero en realidad no proviene de ti. Nunca parece lo que realmente quieres decir o hacer, sino lo que piensas que ella quiere.

—Cierto —dijo Ken—. Soy consciente de eso. En realidad, es una observación excelente. Lo entendí hace más o menos un año. Trataré de ponerlo en práctica.

—Termina con la relación profesional —continuó Kristen.

—Muy bien —dijo el padre.

Pensé en lo notable que era el hecho de que el padre parecía saber perfectamente de qué hablaba Kristen.

Ella continuó.

—Pasa más tiempo con ella. Llévala a cenar y no hablen de nosotras. Pueden ir a un lugar bonito o simplemente a McDonald's, pero llévala a alguna parte.

—Eso es mucho más difícil de lo que imaginas, pero es buena idea.

—No tiene por qué serlo —dijo Kristen.

—Pero lo es. Yo no tengo problema, pero ella nunca encuentra el momento adecuado.

—No. Si se queja dile algo como: "Lo siento, saldremos a cenar y tendrás que venir". Tienes que ser un poco más... quiero decir, de pronto intentas algo y si te lo discuten un poco, sólo respondes "olvídalo" y luego te enojas. Tendrías que decir: "¡Saldremos a cenar!" —exclamó Kristen moviendo ambos brazos con entusiasmo—. "No pasamos tiempo juntos. Realmente quiero estar contigo, así que salgamos a cenar. Las chicas pueden esperar; todo lo demás puede esperar."

—Muy bien.

—Relájate, porque siempre pareces un poco tenso. También pide la opinión de ella, en lugar de estar opinando siempre sobre todo. Y creo que deberías borrarlo todo y empezar otra vez.

—Eso que has dicho es muy, muy importante —dijo Ken—. Es de una importancia enorme. Estoy completamente de acuerdo contigo. Hace tiempo que lo pienso, que le doy vueltas en mi cabeza.

—Me parece que deberías dedicarle todo el año —continuó Kristen—, y en tu próximo aniversario volver a casarte. Hablo en serio. Deberías hablar con ella y arreglarlo todo. "¡Vamos a casarnos de nuevo!" —Kristen gesticuló con entusiasmo—. Y pienso que deberíais ir a las Bahamas, a Hawaii o a Francia, sin ninguna de nosotras.

—Se refiere a una renovación de los votos maritales —intervine yo—. En la iglesia, todo eso.

—Exacto, exacto —dijo él—. Entiendo la idea.

—Y dar una gran fiesta —agregó Kristen.

—No estoy seguro de que quiera casarse conmigo otra vez —dijo él.

—Lo hará —respondió Kristen—, en serio. Salgan en otra luna de miel, y vayan por ejemplo a París. Quiero decir, ahorra tu dinero. Es más importante que unas vacaciones familiares, porque creo que deberían ir los dos solos, sin nosotras, y no hablar ni pensar en nosotras. Yo me quedaré con las niñas. Empezaré a estudiar en la universidad, y todo estará bien.

Me sentí muy aliviada al escucharla decir eso.

—Y creo que deberías ser menos normal —ambos rieron—. Hablo en serio. Me refiero a que hagas alguna locura para ella o con ella. Si piensas en su familia, cuando su padre se sentía culpable por algún motivo bajaba la escalera y les decía: "No, están todos demasiado enfermos como para ir a la escuela". Entonces los llevaba a pasear a algún lugar raro. Y Brian con todas sus algas marinas y chatarras. Ella está acostumbrada a que pasen cosas excéntricas en la casa, como cuando Bob le ponía ratones en la cama, ya sabes.

—Sí.

—Y creo que nuestra casa se ha vuelto demasiado normal. Recuerdo que cuando era pequeña ustedes dos eran más divertidos. Mamá se vestía raro, con esos pantalones de base ancha y camisa a cuadros. Tú te disfrazabas y jugaban al Príncipe Encantado y Cenicienta. Ambos acostumbraban hacer esas cosas. Ella se ponía una peluca, y tú te vestías raro. Ahora ya no hacen esas cosas. Cuando estaba en segundo grado recuerdo que habíamos ido a una fiesta de cumpleaños, y hablábamos de lo vulgares que eran los chicos. Mamá abrazó a papá, lo besó y dijo: "No están tan mal". Me sentí tan avergonzada que no quería volver a la escuela.

»Y pienso que deberías pasar más tiempo en casa. Trabajas demasiado. Cuando las cosas se ponen difíciles te refugias en tu trabajo en lugar de enfrentarlas. Creo que deberías ser menos obstinado, aceptar cambiar algunos hábitos y ser un amigo. Y dejar esas discusiones sobre la libreta de cheques o la gasolina que hay en el coche. Y creo que deberías afeitarte la barba.

El padre, que había estado escuchando con mucha atención, echó a reír y se acarició la barba.

—¡Muy bien!

—Hablo en serio, porque creo que te verías diferente, y que se te quitarían veinte años.

—Representaría un cambio de personalidad —dijo él—, y un nuevo comienzo, si es eso a lo que te refieres.

—A ella le haría recordar la forma en que tú eras antes —observó Kristen—. Hablábamos sobre modelos que podrías seguir, gente que mantiene una buena relación, como los Monroe. Tú sabes lo extraños y divertidos que son. Y cuando pelean, son honestos el uno con el otro. Como Jim y Mary también. Jim es bastante normal y estructurado en su vida, igual que tú. Os parecéis en mucho. Pero con Mary... ellos también pelean, pero no parecen tomarlo en serio, ¿entiendes a qué me refiero?

—Hmmm, sí —dijo Ken.

—Mantienen discusiones muy buenas. Y lo hacen enfrente de todos, además. Como Caroline y yo. Tenemos una relación tan estrecha que yo puedo gritarle que se calle, y ella me contesta que soy una idiota. Y todo está bien. Quiero decir, somos honestas y podemos decir cosas realmente feas, pero cuando ha pasado es casi gracioso, porque hemos sido muy sinceras al respecto. Di lo que piensas pero no lo hagas de un modo tan pesado. Quiero decir, se honesto pero no vayas tan hondo. "El estudio es un desastre", y cosas así. No tienes por qué culparla a ella; no culpes a la gente. Como el abuelo. El abuelo es histérico. Estábamos sentados en el estudio, y ya sabes cómo siempre lleva una discusión.

—Sí.

—Bueno, hablaba con nosotras y dijo: "Sabéis, si no hubiera encontrado a esta mujercita que está al lado mío, nunca me hubiera casado". Y son tan románticos. Ella se sienta en sus piernas y él le dice que está a punto de rompérselas, entonces la abuela se da vuelta y le da un golpecito con algo. Una vez él coqueteaba con la camarera y la abuela entornó los ojos. Entonces él dijo: "Pero ninguna es tan bonita como tú, mamá". Se han vuelto tan adorables. Tienen una relación fantástica aunque antes no la hayan tenido. Creo que ahora, con Nana más independiente y el abuelo menos dogmático, tienen una de las mejores relaciones que he visto.

Kristen cerró su anotador y yo dije:

—¿Qué piensa de eso? Es muy inteligente, ¿no? —estaba profundamente impresionada por la forma en que la joven comprendía la relación de sus padres y por su imagen de lo que era un buen matrimonio.

—Sí —dijo el padre—, es una chica inteligente. Todas estas son muy buenas ideas, muy buenas ideas, y te agradezco mucho que hayas pensado en ello. Me ha ayudado.

—Haré una copia para usted, una para ella y otra para mí —le dije.

Esta sesión fue un punto de inflexión en la terapia. El padre renovó sus esfuerzos con gran entusiasmo, y pronto la pareja comenzó a viajar los fines de semana, a salir con amigos y a disfrutar más estando juntos. No obstante todavía había tensión en la relación.

El siguiente punto de inflexión fue después de que Kristen se marchara a la universidad. Laura me sorprendió anunciando repentinamente que había conseguido un empleo, y que no se trataba de cualquier empleo; era muy interesante y bien remunerado. El hecho de estar varias horas fuera de la casa, trabajando todo el día, cambió drásticamente su relación con Ken y con las niñas. Las expectativas de todos tuvieron que cambiar, su vida cotidiana se volvió más parecida a la de su esposo y comenzó a tener cosas nuevas e interesantes de qué hablar. Durante la terapia, muchas veces había pensado en recomendarle que trabajase, pero parecía tan sensible respecto de sus tareas como ama de casa que tuve miedo de ofenderla con la sugerencia. Por esto me sentí muy complacida al escuchar que había tomado la decisión por su cuenta.

LOS PASOS

¿Qué pasos de esta terapia de acción social pueden generalizarse para otros casos donde un padre comete abusos físicos con un hijo adolescente?

Paso 1. Reunir a toda la familia y averiguar sobre todos los incidentes de violencia: cuándo, dónde, cómo, por qué, qué ocurrió antes y qué ocurrió después. Cuanto más seria la violencia, más familiares deberían participar de modo que los hechos se hagan públicos en toda la familia. Impedir que los padres minimicen la violencia paterna.

Paso 2. Preguntarle al padre qué fue lo que hizo mal y, en caso de que no entienda, procurar que la familia se lo deje bien en claro. Si se duda de que el padre comprenda, convocar a otros integrantes de la familia y a miembros de la comunidad para que se lo expliquen. La violencia implica una red de personas que no sólo incluye al victimario y a la víctima sino a todos los que están en relación con ellos. Una terapia de acción social debe comprender al menos a la parte más importante de esta red.

El primer paso para prevenir futuros actos violentos es que tanto el victimario como la familia comprendan que la violencia está mal, y que debe ser impedida. Una terapia de acción social se basa en un claro sentido de la ética, en una discriminación entre bien y mal. La violencia contra los niños siempre está mal. El terapeuta debe asegurarse de que toda la familia comprenda esto.

Paso 3. Preguntar al padre quién es responsable de su violencia. Asegurarse de que asuma toda la responsabilidad sin culpar a nadie. Si no lo hace, enfrentarlo a la presión del resto de la familia y de la comunidad. No sólo debe creer que él es responsable, también debe expresarlo verbalmente.

Una terapia de acción social es una terapia de responsabilidad social. Nuestra primera responsabilidad es proteger a los niños y no maltratarlos. El terapeuta debe dejar en claro que un objetivo importante del tratamiento es proteger los derechos humanos de los niños, y que lo que es moralmente correcto también es terapéutico. En un sentido ético, es correcto que el padre asuma toda la responsabilidad de su violencia, sin excusas.

Paso 4. Pedir al padre que se disculpe sinceramente ante cada niño a quien ha hecho daño. Confirmar que toda la familia concuerde en que la disculpa ha sido sincera. Si la violencia es extrema, debería disculparse de rodillas para demostrar su arrepentimiento. Se puede pedir al padre que haga un acto de reparación para el niño. Tanto las disculpas como las reparaciones forman parte de asumir la responsabilidad por los propios actos y, por lo tanto, son un componente esencial de una terapia de acción social.

Paso 5. Pedir al padre que se presente ante las autoridades. Esto es más terapéutico que denunciarlo porque al presentarse el padre expresa que ha asumido toda la responsabilidad de sus actos.

Paso 6. Con frecuencia, un niño que ha sido maltratado por sus padres se comporta de una manera autodestructiva. En ese caso, intervenir para prevenir un suicidio u otras conductas autodestructivas. Conviene ver al niño a solas y alentarlo en el cumplimiento de un sueño, contribuyendo todo lo posible a la realización de sus esperanzas.

Paso 7. Explorar el vínculo entre la violencia paterna y los problemas matrimoniales. Por lo general este vínculo existe, y se requiere una etapa de terapia marital.

Paso 8. Cambiar el sentido de la conducta violenta de modo que exprese impotencia en lugar de poder. Cambiar la metáfora de violencia en una forma que resulte significativa para cada padre en particular.

Paso 9. Averiguar si hubo violencia en las generaciones anteriores. Motivar a los padres para que impidan la continuación de la violencia en el presente. Es posible que haya que trabajar sobre la relación de los padres con sus progenitores.

Paso 10. Hacer algo especial para mejorar la relación entre el padre y el niño maltratado, de ser posible generando el agradecimiento del padre a ese hijo en particular.

CAPÍTULO 4

El cuchillo clavado en su corazón

Cloé Madanes con James P. Keim

Un hombre llamó al Instituto de Terapia Familiar desde la cárcel, donde cumplía una sentencia por abusar sexualmente a su hija. El juzgado le había ordenado que iniciase una terapia, pero él no estaba satisfecho con el terapeuta de la prisión. Otros presos le habían dicho que nosotros éramos los mejores profesionales de la zona, por lo que había decidido llamarnos. Ahora participaba de un programa de salida laboral, y durante el día trabajaba como reparador de ascensores para regresar a la prisión por las noches. Pensaba que conseguiría permiso para asistir a terapia una vez por semana, después de salir del trabajo y antes de volver a la cárcel.

Jim Keim quería ser el terapeuta, y yo decidí actuar como consultora observando las sesiones tras un falso espejo. Estaba interesada en el problema del hombre, y sospechaba que se sentía muy desesperado ya que buscaba una terapia en circunstancias difíciles.

OBJETIVOS

Antes de la primera sesión, Jim y yo nos reunimos para discutir nuestros objetivos. El hombre, Ray, tenía veintinueve años; tenía una hija de ocho y un varón de nueve. Eso era todo lo que sabíamos. De todos modos ya teníamos ciertas metas:

1. Queríamos alentar a Ray para que asumiese toda la responsabilidad por el abuso sexual. Cualesquiera que hubiesen sido las circunstancias, abusar de su hija era responsabilidad de él y de nadie más. Ninguna otra persona tenía culpa alguna.

2. El abuso sexual de un niño por parte de su padre es un crimen particularmente infame porque en los seres humanos, la sexualidad y la espiritualidad están relacionadas. Cuando este ataque proviene de la persona en quien el niño más confía y de quien depende para su subsistencia, el sufrimiento espiritual es extremadamente doloroso. Este no sólo afecta al niño sino también al padre, porque es algo horrible infligir este dolor en otro ser humano, particularmente en el propio hijo. La terapia debe ocuparse de este dolor espiritual. Una terapia de acción social es un enfoque holístico que toma en cuenta las componentes sociales, psicológicas y espirituales de la persona.

3. Ray no sólo necesitaba comprender la intensidad del dolor que había infligido; tenía que expresarle a su hija la profundidad de su pesar y arrepentimiento por haberlo hecho. La niña debía saber que el padre comprendía el dolor espiritual que le había causado, que asumía toda la responsabilidad y que lo lamentaba profundamente. Este era el primer paso para ayudarla a sanar, y esta curación de las heridas sufridas por su culpa debía ser el objetivo de Ray.

    Todavía no sabíamos cómo lograríamos alcanzar este objetivo, ya que en estos casos suele existir una orden del juzgado que impide al padre estar en presencia de su hija.

4. Mientras procuraba que Ray asumiese la responsabilidad por el abuso, Jim también debía ocuparse de prevenir un suicidio. Existe una alta incidencia de suicidios entre los delincuentes sexuales, por lo que debíamos pensar en la posibilidad de que Ray lo intentase. Esto nos preocupaba particularmente porque, como mecánico de ascensores, tenía amplias posibilidades de quitarse la vida en forma rápida sin sufrimiento.

   En una terapia de acción social cada individuo es valioso. Toda persona, no importa lo que haya hecho, tiene la posibilidad de autodeterminación, de decidir hacer lo correcto en el futuro, de cambiar por completo su vida para su propio beneficio y el de la sociedad. Era importante estimular a Ray para que quisiese vivir, no sólo para salvarlo de la muerte sino para el bien de su hija. Si él se suicidaba, la niña podía sentirse culpable lo cual sería catastrófico para ella.

5. Para mantener vivo a Ray, Jim necesitaba ayudarlo a encontrar un sentido a su existencia, a pesar del crimen que había cometido. Debía tener una meta que lo trascendiese. Tenía que vivir, por más doloroso que fuese, porque había cosas que debía hacer. Era imprescindible que reparase el daño que había causado a sus hijos: a la niña por el abuso sexual y al varón por haber abusado de su hermana. Ray debería resarcirse por el resto de sus días, y para hacerlo tendría que estar con vida.

   En una terapia de acción social, se exige que el individuo asuma la responsabilidad, no sólo por el pasado sino por sus actos futuros. El concepto de autodeterminación incluye reparar los errores cometidos. No importa cuáles sean las circunstancias, siempre está el poder de decisión. Uno puede elegir el camino de corregir en todo lo posible el daño infligido.

LA PRIMERA SESION: LA PENA

A Jim y a mí nos preocupaba particularmente el tema del posible suicidio, porque la primera sesión tuvo lugar en diciembre, cerca de Navidad, cuando suelen producirse un gran número de muertes por esta causa. Por esto Jim decidió empezar la sesión preguntando a Ray cómo planeaba pasar la Navidad.

Ray entró en el consultorio y se dejó caer en el sofá. Era un hombre fornido, del tipo vikingo, con cabello rubio rojizo, barba rubia, tez rubicunda y la complexión de un futbolista excedido de peso (luego supimos que en realidad había sido jugador de fútbol en la universidad, donde había estado a punto de graduarse como ingeniero). En contraste Jim, que tenía casi su misma edad, se veía pequeño y pálido, con escaso cabello oscuro, gafas redondas y una barba freudiana.

Evidentemente se habían presentado en la sala de espera, porque cuando se sentaron Jim dijo:

—¿Le permiten salir para la cena de Nochebuena?

—No —respondió Ray.

—¿En serio? ¡Es terrible! —dijo Jim.

—Bueno, supongo que depende de la situación —respondió Ray tenso, triste y con la vista fija hacia adelante, sin mirarlo a los ojos—. En realidad la pena de prisión es lo más suave —continuó—. Lo más duro fue todo lo que pasó antes de la sentencia. Es lo que trato de enfrentar ahora.

Cuando nos encontramos antes de la sesión, le dije a Jim que probablemente a Ray le resultaría difícil hablar sobre lo que le había hecho a su hija. De todos modos tenía que hacerlo. Aunque si Jim hacía la conversación menos dolorosa, sería más fácil llevar adelante la terapia porque Ray simpatizaría más con él. Supuse que un hombre que había cometido un acto tan vil debía de tener un pasado bastante complicado, por lo que sugerí a Jim que continuase la sesión pidiéndole que contase "la historia" de su vida. De ese modo Ray no tendría que empezar por el abuso de su hija. Podría partir de cualquier momento de su vida, pero al contar una "historia" tendría que otorgar cierto sentido a su existencia. Habría una secuencia: un comienzo que había conducido a ciertos acontecimientos , acontecimientos que tenían consecuencias, etcétera.

Como uno de los primeros objetivos en la terapia de Ray era otorgar un sentido a su vida, podíamos empezar por preguntar qué sentido le encontraba a su existencia en ese momento. Jim no formuló la pregunta del modo más indicado, pero de todos modos la respuesta que obtuvo fue significativa.

—Hábleme de su vida —dijo Jim.

—Bueno, tuve dos hijos —dijo Ray—. Un varón y una niña de mi matrimonio anterior. Me casé en 1981, me divorcié o separé aproximadamente un año y medio después. Conocí a mi segunda esposa en 1988. Durante un par de años me ocupé yo solo de los niños. Mi primera mujer no tenía mucho interés en ellos. Supongo que fue por eso que no se los llevó cuando nos separamos. Me parece que en ese momento de su vida en realidad no los quería.

Mientras Ray hablaba, yo pensaba en lo importantes que eran los niños para él. Al responder sobre su vida, había empezado directamente hablando de ellos.

—Tuvimos un matrimonio difícil —continuó Ray. Más adelante, comprendí que "difícil" significaba que había sido terriblemente violento con su primera esposa—. Y en realidad no sabía si estaba en condiciones de criar a esos dos chicos yo solo. Mi hija tenía tres, y mi hijo cuatro. Entonces los tuve conmigo hasta que conocí a mi novia, que después se convirtió en mi esposa. Ella fue una madre fantástica para ellos. De todo lo que ocurrió, una de las cosas más terribles fue lo que pasó con ella. Yo tenía la custodia conjunta con mi ex mujer. Ella podía haberlos visto tanto como quisiese, pero no lo hizo. Empezó a verlos con más regularidad hace sólo un año, una vez cada quince días. Mi hijo es un chico muy inteligente. Mi hija nació con una fisura de paladar. La tuve que someter a varias sesiones de cirugía mayor.

—¿Cuántas? —preguntó Jim. En realidad nada de lo que Jim decía era casual. Cada palabra estaba dirigida a cumplir nuestros objetivos con Ray. Al preguntar cuántas operaciones habían sido, lo que Jim hacía era resaltar el hecho de que Ray había abusado de una niña que ya había sufrido mucho.

—Tuvo la primera a los dos meses, la segunda a los cinco... en total fueron cinco operaciones. Una fue de oído.

—Vaya, eso es mucho.

—Sí. Tenía el paladar completamente fisurado.

—O sea que no había paladar entre la boca y la cavidad nasal.

—No era bilateral. Resultó bastante bien. El cirujano plástico hizo un trabajo fantástico. Quiero decir que al mirarla se nota que ha tenido algo, pero no es más que una pequeña cicatriz. El impedimento más grande sigue siendo la cuestión del habla. El oído ha empezado a funcionar bastante bien. Y en este momento le han puesto su primera ortodoncia. Ahora mi hijo tiene nueve, y ella ocho. Aparte de eso, en términos de abuso sexual, nunca le hice nada al varón. En cuanto a ella...

fueron un par de situaciones aisladas a fines de 1986. Entonces paró y no volvió a pasar hasta 1989. En realidad, una vez que se empieza con esta clase de cosas... uno sabe que necesita ayuda, pero está demasiado atrapado como para buscarla —Ray hizo un gesto como si estuviese en una trampa invisible. La expresión de su rostro era dolorida, frustrada. Parecía haberse olvidado de Jim, estar encerrado en sí mismo.

»Finalmente mi hija... —continuó—. Yo no había hecho nada en un par de meses... Y ella fue a contárselo a mi esposa [su madrastra]. Mi mujer me enfrentó con eso, y en el primer momento no supe qué hacer. Parecía que al menos ya estaba dicho, que podría hablar con alguien de ello, que había salido de la trampa. Quería hablar con alguien al respecto, pero luego me decía: "Seré capaz de controlarlo solo". Entonces llegué al extremo de comprender que ya no me controlaba a mí mismo en absoluto.

»Siempre pensé que estaba relacionado con el estrés. Ahora me doy cuenta de que cuando las cosas andaban mal empezaban a pasar esas cosas. En ese entonces tenía problemas en mi matrimonio, y muchas tensiones en el trabajo. Cuando las cosas entre mi mujer y yo funcionaban bien, abandonaba esas conductas como si nunca hubiesen estado. Y una de las cosas que menos entiendo es cómo fui capaz de volver a meterme en ese círculo.

»Bueno, al final mi esposa le habló de ello a mi madre. Nos sentamos a conversar, y en ese momento a mamá le preocupaba la posibilidad de que me suicidase. Me dijo que fuese al hospital Eastwood. Vi a la enfermera que estaba de guardia en psiquiatría, y le conté lo que pasaba. Bueno, para cuando llegué a casa, Servicios Sociales ya estaba allí. Me mudé de la casa; hice todo lo que me indicaron al pie de la letra. El problema fue que, dos semanas después, mis hijos fueron a vivir con mi ex mujer, y mi hija le contó todo a su madre. Ella se quedó con los niños, me llevó al tribunal y ahora... mis hijos se han distanciado tanto de mí que no creo que vuelva a verlos alguna vez.

Había una gran desesperación en la voz de Ray.

»No los he visto desde febrero. No he hablado con ellos. Una vez casi me meten a la cárcel por tratar de hablarles, y ahora ya no sé qué hacer. En realidad no veo la posibilidad de volver a encontrarme con mis hijos. No imagino cómo puede llegar a ocurrir. No soy como esos sujetos afortunados que tienen una familia unida, que aunque ahora no estén en casa, conservan la esperanza de volver.

Al escuchar a Ray comprendí lo mucho que amaba a su hija. Hubiese sido ingenuo pensar otra cosa. Como muchos otros delincuentes sexuales, confundía el amor con la violencia. El podía amar a su hija y al mismo tiempo abusar de ella. Probablemente, esta confusión entre amor y violencia se generara porque de niño, él mismo habría sufrido abusos por parte de alguien que se suponía debía amarlo. Debíamos averiguar quién era esa persona, no porque ello justificase en modo alguno la conducta de Ray (muchos niños que han sufrido abusos nunca repiten la conducta de adultos: hay una decisión que debe tomarse), sino porque era necesario "exorcizar" ese recuerdo, sacarlo de su mente para que ya no pudiese amar y al mismo tiempo ejercer la violencia.

Jim no quería que Ray continuase con el tema de la desesperanza. Para seguir vivo, debía tener la esperanza de un futuro mejor.

—Bueno, le diré algo —dijo Jim—, muchas veces hay personas que llegan en su situación, sin expectativas de volver a ver a sus hijos, de ser capaces de disculparse o de hacer algo para mejorar la situación. Se sienten tan frustrados... Pero por lo general encontramos alguna manera.

»Me doy cuenta de que sufre mucho por esto. Pero para que la vida tenga sentido, tenemos que sacar algo bueno de este dolor. Alguien tiene que estar mejor que antes. Deberíamos sacar algo constructivo, y me gustaría ayudarlo en eso. No sé si sus amigos le han dicho esto, pero con frecuencia trabajamos para lograr cosas parecidas. Comprendo que esta situación le ha partido el alma. Tiene que hacer algo al respecto.

Jim había comenzado a introducir la idea del dolor espiritual, de la disculpa y de la reparación.

—En nuestro grupo de terapia de la cárcel —dijo Ray—, hay una docena de hombres que, por más grave que sea lo que han hecho, siempre que lleguen a algún acuerdo con el fiscal y se sometan a una terapia, logran borrar todo lo que hicieron. Yo pasé por el tribunal, el juicio, la sentencia y accedí a la terapia, y me metieron en la cárcel. En cierto sentido, estar allí no es tan difícil. Es casi una broma considerarlo un castigo. Lo peor es la desesperanza. El sistema hizo lo que se esperaba que hiciera, pero yo tuve a esos niños conmigo cinco años, y ellos ni siquiera lo tomaron en cuenta. Ahora no los he visto en... —su voz se quebró por la emoción—. ... especialmente mi hijo... Ha estado en terapia para afrontar todos los cambios, las mudanzas, pero yo nunca abusé de él. Teníamos una excelente relación. Y... todo este asesoramiento que recibo, no estoy seguro de querer seguir adelante con ello. Tengo tanta amargura con todo lo que pasó.

Jim notó que Ray intentaba culpar al sistema legal por todas sus desgracias. Como la mayoría de los criminales sexuales, quería librarse de la responsabilidad. Había que guiarlo de vuelta para que se hiciese responsable de sus propios actos. No obstante era crucial estimular su esperanza. La amargura que Ray expresaba era una señal de alarma que indicaba la posibilidad de un intento de suicidio. Jim rescató una palabra utilizada por Ray —el *sistema*— y le dio otro significado, otorgando un objetivo casi heroico a su vida:

—Bueno, le diré algo —respondió Jim—, algunas veces el sistema funciona casi como un filtro. Sólo las personas que más desean tener una relación con sus hijos, los que más quieren continuar con sus vidas y más se empeñan en ayudar a sus niños son los que conservan una relación con ellos. Y creo que usted es esa clase de persona. Tal como dijo, pienso que la cárcel no es tan terrible. Lo que es terrible es el dolor por lo que hizo, el estar lejos de sus hijos a pesar de que quiere relacionarse con ellos. Y usted haría casi cualquier cosa por ellos, por hacerles saber lo arrepentido que está.

—Es verdad —susurró Ray.

Jim lo había devuelto a su responsabilidad y su dolor, pero a la vez le había dado esperanza resaltando nuevamente la necesidad de disculparse.

—¿Cuántos años ha sido un padre para ellos? —le preguntó.

—Nueve.

—No dejará de ser un padre porque esté en la cárcel.

—Bueno, entiendo que tenga que mantenerme alejado de ellos... —dijo Ray, quien probablemente repetía el mal consejo que había recibido de otras personas. Mantenerse alejado de los niños sólo empeoraría las cosas. Significaría que Ray no sólo había abusado de su hija; también la abandonaba a ella y a su hermano. Nuestro plan era lo opuesto. Queríamos trabajar para que Ray compensase a sus hijos durante el resto de su vida.

No existe ninguna orden legal que pueda separar permanentemente a un padre de su hijo, si ellos no quieren estar separados. Cuando la hija de Ray cumpliese los dieciocho, podía buscarlo y encontrarlo. Entonces se relacionarían sin la influencia de un terapeuta. Nuestro objetivo era reunirlos ahora y corregir la relación, de modo que la niña pudiese tener un padre que la cuidase en lugar de uno que la violara.

—Le diré algo —respondió Jim—, sus hijos necesitan comprender lo ocurrido y reconciliarse con ello, y también necesitan saber cuál será su futuro con usted. Como tienen esta imagen de su padre en la cabeza, deben saber qué ha sido de su vida. Y es posible que estén enfadados con usted, incluso que lo amen... pero en alguna parte de sus cerebros siempre están pensando en sus padres. Por el bien de ellos, usted debe hacer lo que debe hacer. Le preguntaré algo, aunque estoy seguro de que en su terapia lo ha contado una y otra vez. De todos modos se lo preguntaré, ¿qué fue exactamente lo que hizo?

—Acaricié a mi hija; mantuve sexo oral con ella. Nunca la penetré ni con el dedo ni con el pene, pero lo simulaba entre sus piernas; la daba vuelta para que no pudiese ver. Eso fue lo que pasó.

—¿Empezó así o...?

—Al comienzo básicamente hacía que me masturbara. Ponía su mano sobre mí, y la usaba para masturbarme bajo las mantas.

—¿Siempre dormíais juntos?

—No. La relación con mi primera esposa fue una especie de extraño ritual de sexo y violencia. Hacia 1986 las cosas se habían vuelto insostenibles. Ella se marchó, y durante algún tiempo me sentí casi aliviado, mejor. Los abusos no volvieron a producirse hasta 1989. Entonces empezaron las caricias. Y fue para noviembre o diciembre de 1990 que empecé a simular las relaciones sexuales con ella. La daba vuelta para que no me viese. Creo que no hacía más que eso, hasta que eyaculaba. Era extraño. Fantaseaba con que tenía relaciones con mi ex esposa.

»Cuando pienso en ello, creo que nunca me sentí atraído hacia mi hija como niña. Esa es una de las cosas que más me cuestan enfrentar. Nunca me he sentido atraído por las niñas. Jamás se me había ocurrido la idea de tocar a una... ni a la hija de mis vecinos ni a ninguna otra. Tener sexo con una criatura me resultaba tan enfermo antes como ahora. En realidad, lo que hacía era convertir a mi hija en una adulta a través de la fantasía.

Los estudios de delincuentes sexuales sugieren que existe un tipo que, como Ray, sólo molestan a la hija de determinada mujer con la cual están obsesionados. En la mente del hombre, la niña representa a su madre.

—Cuando por algún período, ya fuesen semanas o más, se disipaban los problemas que había en mi vida —continuó Ray—, abandonaba esas conductas y volvíamos a ser padre e hija, en una relación tan normal como la de cualquiera. Aunque al mirar atrás, supongo que para ella debo haber sido como el Dr. Jekyll y Mr. Hyde, eso debe haber sido lo peor. "Cada tanto papi hace cosas raras."

»Por lo general yo llegaba a tenerlo todo planeado. Los viernes por la noche mi esposa trabajaba hasta tarde, y era entonces cuando se producían los abusos. Hubo una época en que traté de alejarme de ello todo lo posible, pero era casi como una compulsión. Entonces lo hacía y era... bueno... como volver a caer en el agujero. Quiero decir, durante un par de días era como... "¿Qué diablos pasa conmigo? ¿Qué pasa conmigo?" Y sabía que necesitaba ayuda. Quería conseguir ayuda, pero no quería que pasase todo esto.

—¿Cuál es su recuerdo más doloroso? —preguntó Jim. Buscaba que el dolor fuese algo muy concreto para él, de modo que no hubiese negación.

—Creo que el recuerdo más doloroso es el de los

primeros abusos, en 1986, por la simple razón de su edad. Me acuerdo de que en el grupo alguien me preguntó cuántos años tenía, y yo rompí a llorar. No podía creer que hubiese hecho eso. Me resulta tan doloroso, en especial por todo lo que ella había tenido que pasar, el paladar fisurado, el problema del habla y eso. Y desde un principio yo sentía que tenía que protegerla, porque sabía que en la escuela se burlarían de ella por la forma en que hablaba. Me enfurecía cuando en el trabajo o en otra parte alguien hacía una broma sobre las personas con labio leporino. Me dolía porque mi hija tenía eso —se golpeó el pecho para dar énfasis a sus palabras—. Lo que más me duele de mi propia vida es que al principio hice tanto para protegerla, y luego terminé abusando de ella.

—¿Cuánto medía ella cuando empezó todo? —preguntó Jim para no permitir que se apartase del recuerdo concreto.

—Así —respondió él señalando con la mano a menos de un metro del suelo. Entonces se llevó las manos a la cabeza en un gesto de desesperación.

—Ese debe ser un recuerdo doloroso.

—Lo es porque... bueno... de todas las cosas que pude haber hecho mal, ¿por qué tuvo que ser..., por qué tuve...? Quiero decir, nos enseñan que las conductas compulsivas adoptan muchas formas: el alcohol, las drogas, lo que sea. ¿Por qué no me convertí en alcohólico o drogadicto? ¿Por qué tuve que descargarme de esta manera? Ha hecho desaparecer cualquier imagen de mí mismo como ser humano que haya tenido jamás. ¿Cómo se sigue con la vida después de hacer algo como esto? ¿Cómo puede uno verse la cara todos los días?

»En la cárcel es diferente. Para empezar, no saben por qué estoy allí. Tuve suerte de que lo mío no saliera en los periódicos, y en la cárcel uno cubre las apariencias de todos modos. Se encuentra alguna manera de ser duro, de manejarse con la gente de allí. Pero me encuentro pensando en esto... nunca me abandona... nunca me abandona... y me vuelve loco. Veo a mi esposa... ¡la veo porque está metida justo en el medio de esto! Ella perdió a los niños, y yo estoy preso —el juez había dado la custodia de los niños a la madre, quien no permitía que la segunda esposa los viese con frecuencia.— Ella no cometió más error que el de casarse conmigo. Perdió a sus dos niños y... ¡vaya! El dolor que trae eso... ¿cómo se hace para que desaparezca el dolor?

—El dolor puede cambiar —observó Jim. Esa era precisamente la respuesta correcta. Sugerir que el dolor podía desaparecer hubiese sido falso optimismo. Pero sin duda el dolor cambiaría, tal como cambia todo constantemente—. En su situación actual —continuó Jim—, le resultaría muy difícil hacer lo que haría alguien que esté libre para componer las cosas. No obstante hay algunas cosas que sí está en condiciones de hacer, y quizás yo pueda ayudarlo con ellas. Pero si no logra hacer algo positivo con el dolor que lo invade, éste terminará por destruirlo.

—Me está destruyendo —dijo Ray—. En los últimos seis meses, no he hecho otra cosa que pensar cuándo mandaría todo al infierno, que si saltase del edificio donde trabajo o me electrocutase o...

—¿Sabe quiénes sufrirían más con ello?

—Lo sé, eso también me lo han dicho...

—Sus hijos.

—Lo sé, pero llega un punto, cuando uno ha estado lejos de ellos tanto tiempo, cuando ni siquiera tienes noticias de ellos, no sabes cómo están...

—No me ha contado sobre la orden del juez de mantenerlos apartados ni nada de eso, pero en este momento lo mejor que puede hacer es dar algunos pasos que ayuden a sus hijos —nadie contribuiría a curarlos con tanta eficacia como el padre que los había herido.

Este debía ser el objetivo que diese sentido a la vida de Ray—. Y ellos necesitan ver esos pasos, porque en la cabeza tenemos una especie de galería de fotos. En su cabeza hay una foto de su papá y otra de su mamá, y usted ha nacido con ellas. Por eso es que los niños necesitan saber cómo eran sus padres de jóvenes. Sus hijos siempre necesitan saber lo que ocurre; si usted los ama, si se preocupa por ellos y por su futuro, si a pesar de las cosas malas que ha hecho y los errores cometidos será capaz de protegerlos en el futuro. ¿En cuántos meses estará libre?

—Probablemente en agosto del año que viene.

—¿Y qué edad tendrán sus hijos entonces?

—Nueve y diez.

—Entonces les quedarán nueve o diez años de adolescencia cuando usted salga. Y supongamos que para entonces sólo pasa con ellos una fracción del tiempo que a usted le gustaría, todavía será algo. En su posición, algunas personas sentirían la tentación de olvidarlos. No sabrían qué hacer y dirían: "Estarán mejor si no vuelvo a comunicarme con ellos, si ni siquiera continúo viviendo en este país". Pero nada podría ser peor para ellos. Usted ha cometido errores y ha lastimado a sus niños, pero lo peor que podría hacer ahora sería lastimarlos más. Y moralmente, lo único que puede hacer es ayudarlos, porque a pesar de todo lo ocurrido ellos aún lo necesitan como padre.

»Usted sabe que los años de la adolescencia son los más difíciles —continuó Ray—. Cuando tengan diecisiete y dieciocho estarán expuestos a toda clase de peligros y de personas, y van a necesitarlo. Para ellos, usted marca la diferencia entre estar vivo o no. En las calles hay drogas, hay SIDA, y no sólo eso, la economía también es diferente, lo cual financieramente hablando significa que en los próximos años, es probable que usted tenga mucho que ver con su calidad de vida. Y no sólo me refiero al mantenimiento. Hablo de la diferencia entre asistir a la universidad o no. Muchas cosas dependerán de usted.

»Es casi como una prueba para averiguar cuánto empeño tiene en ser padre. Hay una gran cantidad de cosas que tratarán de impedírselo. La verdadera prueba es: ¿tendrá las agallas para hacer lo necesario?

Una vez más, Jim volvía casi heroica su tarea, como forma de contrarrestar drásticamente sus ideas suicidas.

—Una cosa es decir "sí, voy a pelear" —respondió Ray—, y otra distinta es...

—Y otra distinta es pelear.

—El proceso legal, las batallas con mi ex esposa...

—Sí.

—Hoy día ya es probable que ella prefiera verme muerto.

—Es posible, y estoy seguro de que está furiosa y con justa razón. Pero cuando esos niños tengan dieciocho, ella va a necesitarlo. Esto llevará algún tiempo, pero me gustaría trabajar con usted hasta que haya logrado tener una relación con sus hijos. Porque para ser francos, revolcarse en su dolor no le servirá de nada. Tomar algunas medidas concretas cambiará las cosas. Por ahora se encuentra limitado, pero lo importante es hacer algo, aunque sea algo pequeño, empezar a reparar los errores, dar algunos pasos. Y pienso que sus hijos le importan lo suficiente como para hacerlo. Cuando esté deprimido y piense que ahí afuera no hay nada para usted, tendrá que hurgar en su interior y encontrar ese amor por sus hijos, porque eso es lo único por lo cual tiene que trabajar. Pueden haber otras cosas, y más adelante hablaremos de ello, pero su papel más importante en la vida es el de padre.

—Y he fallado.

—No. Todavía continúa. No es un papel que nadie le pueda quitar.

—Me lo han quitado.

—Si fuese así, sus hijos no estarían pensando en usted, y le aseguro que lo hacen. Yo estoy preocupado por usted. Ha puesto mucha energía en esos niños, y si empieza a imaginar que ya no es un padre o que ellos no piensan en usted, eso me preocupa. No habrá nadie que ocupe su lugar. Sólo usted puede ser un verdadero padre para su hija. Ninguna persona puede llegar y decir: "Hola, siento que siempre he cuidado de ti. Siento que he estado a tu lado durante esas cinco operaciones". No hay nada ni nadie que pueda ocupar su lugar, ni con su hija ni con su hijo.

—Es difícil verlo en este momento; eso es todo.

—¡Bueno, mi trabajo es señalar las cosas que son difíciles de ver! —Jim volvía a decir la frase correcta, asumiendo la responsabilidad por la terapia. Entonces cambió de tema—. ¿Qué hay de su esposa? ¿Cómo están las cosas con ella?

—Mejor. Suben y bajan. Durante mi primer mes de cárcel, pensé que ya no tenía ningún matrimonio, pero...

—¿Le gustaría que ella también viniese aquí?

—No creo que quiera.

—Permítame invitarla —dijo Jim.

Así terminó la sesión. Habíamos logrado todos los objetivos que nos habíamos propuesto.

LA SEGUNDA SESION: ARREPENTIMIENTO

Jim habló con la esposa de Ray, Shirley, y la invitó a participar en la siguiente sesión. Shirley le dijo que planeaba divorciarse de Ray, y que no tenía ningún interés en participar de la terapia. Jim le pidió que viniese sólo una vez, de modo que Ray pudiese decir algunas cosas en su presencia, cosas que eran necesarias para la terapia. Si no lo deseaba, no tenía que responder ni hablar. Finalmente ella aceptó venir.

Nuestro objetivo para esta sesión era que Ray expresase su profundo pesar y arrepentimiento por el daño que había causado a Shirley abusando de su hijastra. Hubiésemos preferido reunir a toda la familia para una sesión de disculpa, incluyendo a los niños y a la madre biológica, pero esto no era posible. Había una orden del juzgado que prohibía a Ray estar en presencia de sus hijos, y su ex esposa se negaba a verlo o a hablar con él. Jim comenzó a gestionar un permiso del juzgado para que tuviésemos una sesión en la cual Ray pudiera disculparse con su hija. Pero mientras tanto necesitábamos traer a alguien que fuese muy significativo y que hubiese querido proteger a la niña, para comprobar hasta dónde era sincero Ray en su disculpa. Queríamos ver la reacción de la esposa y escuchar su opinión sobre la sinceridad de Ray.

La expresión de arrepentimiento ante los miembros de la familia es esencial en una terapia de acción social, porque sin ella no hay forma de saber si el criminal verdaderamente acepta la iniquidad de sus actos y, por lo tanto, no hay garantía de que no vuelva a cometer el crimen. Y sólo las personas que lo conocen muy bien pueden discernir si su arrepentimiento es sincero o no.

La situación de Shirley era particularmente triste. Al casarse con Ray, se encariñó tanto con los niños que decidió que no necesitaba tener hijos propios, por lo que se sometió a una ligadura de trompas. Cuando se descubrió el abuso sexual, la ex esposa de Ray acudió a los tribunales y obtuvo la custodia de sus hijos, por lo que Shirley perdió a los niños que había criado y amaba. Y ahora ya no podía tener hijos.

Cuando Shirley entró en el consultorio, me sorprendió lo hermosa que era. De pelo largo, lacio y oscuro; grandes ojos negros, tez pálida y nariz afilada, tenía cierto parecido con Greta Garbo. Era extraño pensar que Ray mantenía relaciones sexuales con una niña estando casado con esa mujer.

Jim dijo a Ray:

—Quisiera que exprese a Shirley lo mucho que lamenta el daño que le ha causado. Le ha quitado a sus niños, y ahora ella ya no podrá tener hijos. Le ha quitado su familia. Le ha quitado todo lo que era más preciado para ella. El dolor que le ha causado es espiritual, que es un sufrimiento en lo más hondo de nosotros. Quisiera que se ponga de rodillas frente a ella y le hable a su espíritu, al lugar donde reside el dolor. No sólo el de Shirley sino también el suyo, porque al mismo tiempo le estará hablando a la herida que lleva en usted.

Ray se levantó lentamente y se arrodilló frente a Shirley, con la cabeza baja.

—Lamento todo lo que te he hecho, por haberte quitado esos niños... lo siento... —comenzó a llorar quedamente y su voz se volvió ininteligible. Permaneció en esa postura durante más de veinte minutos, llorando mientras pronunciaba palabras que Jim y yo no lográbamos oír. Ella lloraba en silencio.

Finalmente, Jim pidió a Ray que volviera a sentarse y dijo:

—Tendrá ocasión de decirles a sus hijos lo mal que se siente. Yo me ocuparé de ello. Ellos necesitan ver que con su dolor, usted comprende el dolor que padecen ellos, que comprende el sufrimiento espiritual que les ha causado. Shirley, ¿a usted le ha parecido que Ray comprende ese dolor?

Ella asintió.

—Y sus niños también lo entenderán —dijo Jim. Se volvió hacia Shirley—. ¿Cree que está verdaderamente arrepentido?

—Sí —susurró Shirley mientras se secaba las lágrimas que rodaban por sus mejillas.

Jim se volvió hacia Ray.

—Shirley necesita oír que aunque no vuelva a aceptarlo a su lado, durante el resto de su vida usted la ayudará a ver a los niños. Tiene que comprender que su deseo de ayudarla es incondicional, y que no lo utilizará como un soborno; que pase lo que pase, por el resto de su vida, usted tratará de colaborar para que vea a los niños.

—Quiero que puedas verlos —dijo Ray—, no importa si estamos juntos o separados, y yo te amo. Cuidaré de ti. No importa lo que ocurra, siempre querré que puedas ver a los niños, tengas una relación conmigo o no. Tú eres parte de ellos, parte de sus vidas. No quiero que eso desaparezca —miró a Jim—. Lo haré. Se lo debo a ella y a los niños.

—Eso es lo único que importa —dijo Jim.

—Lo único —repitió Ray.

LA TERCERA SESION: DISCULPA

Al final de la segunda sesión, Jim había pedido a Ray que escribiese una carta de disculpa a su hija, Rosemary, y que la leyese en la siguiente sesión. Ray lo hizo.

Querida Rosemary:

Quiero que sepas que te amo, que quiero formar parte de tu vida. Te he hecho cosas muy malas. En ninguna forma, tú eres responsable por ellas. Te utilicé para satisfacer mis necesidades, y lamento la forma en que eso te hizo sentir. Lamento que, siendo la persona más importante de tu vida, te haya defraudado.

Sé que lo que hice estuvo mal. Fue injustificable. La-

mento que te hayas sentido responsable por lo que te hice, y que probablemente todavía te sientas así. Tú no hiciste absolutamente nada. Yo era el adulto, y cualquier maldad era por mi culpa. Te amo y querría ser un mejor padre para ti.

No quiero que me odies el resto de tu vida. Las personas pueden cambiar. Quiero compensarte por todos los años en que no fui un buen padre para ti, y quiero que tengas la cabeza bien alta, porque de ninguna manera tú no has sido culpable de mis abusos.

Lamento haberte perdido durante este lapso en que estamos separados. Hiciste lo correcto al contar lo que pasaba. Nadie tiene ningún derecho a abusar de ti, y eso me incluye. Quisiera ser un buen padre para ti.

—Está muy bien —dijo Jim—. Suena como si llegase directamente de su corazón.

—Es exactamente lo que quiero decir.

—Así es. Permítame estrechar su mano.

Tanto Rosemary como su hermano Tom tenían sus propios terapeutas, y Ray pagaba por la terapia. Ante el pedido de Jim para realizar una sesión de disculpa con sus hijos, el juez respondió que sólo se le otorgaría si los dos psicólogos estaban de acuerdo. Ambos se negaron terminantemente, aduciendo que los niños no estaban preparados para verlo. Es curioso que los niños vean a su padre cada día de su vida y, de pronto, no sean capaces de mirarlo a la cara después de que se descubre el abuso. Fue por esta negativa que Jim le había pedido a Ray que escribiese la carta.

Jim pensaba seguir intentando mantener una sesión con los niños, pero mientras tanto había que ocuparse de otras cuestiones en la terapia. Jim había hablado con la primera mujer de Ray, Vicky, para pedirle que participase de una sesión. Ella se había negado, aunque le explicó lo extremadamente violento que había sido Ray con ella durante el matrimonio. La había

golpeado con tanta rudeza, incluso estando embarazada, que había perdido parcialmente la visión de un ojo.
Comprendimos que para que Ray se rehabilitase, no sólo debíamos tratar sus abusos sexuales sino también
su violencia. Por lo tanto esto último sería el tema de las
siguientes sesiones.

LA CUARTA SESION: RESPONSABILIDAD

Jim pidió a Ray que hablase sobre el primer episodio que recordara en el cual hubiera sido extremadamente violento. El contó que cuando se casaron, com-
partieron piso con una persona con quien él había
discutido.

—Empezamos a discutir y recuerdo que él no cedía
—dijo Ray mientras apuntaba el dedo en el aire y gesticulaba agresivamente—. Me decía que iba a acudir a su
padre, a ese abogado, para que de alguna manera lo
eximiese de pagar el alquiler. Y que estaba cansado de
vivir con nosotros. Recuerdo que yo decía: "Vamos hombre... olvídalo... cállate", pero él no dejaba de presionar-
me —Ray volvió a señalar con el dedo—. Al fin estallé.
El acabó con ocho puntos sobre el ojo y una conmoción
cerebral, creo que porque lo golpeé duro en la sien. Ni
siquiera recuerdo cuántas veces lo golpeé. Todo ocurrió
en unos treinta segundos.

—Suena muy violento —dijo Jim.

—Lo fue. Fue igual que esa película, *El increíble
Hulk*, fue igual. Me acuerdo de que empecé a temblar y
sentí la adrenalina que fluía por mi cuerpo. Le dije una
y otra vez que me dejara tranquilo y él no dejó de hos-
tigarme, por lo que de pronto fui como un animal enjaulado al que lo han provocado demasiado.

Pude ver que el problema de Ray era típico de los
hombres violentos. El glorificaba la violencia. En esas

situaciones, se convertía en el Increíble Hulk, un personaje de televisión que es un médico apacible hasta que se encuentra frente a una injusticia. Entonces se convierte en un monstruo verde con una fuerza sobrenatural y castiga a los malvados, restaurando la justicia. En la mente de Ray, el Increíble Hulk era su metáfora de la violencia: una conducta idealizada, apropiada y de "macho". Si queríamos cambiarlo a él, teníamos que cambiar su metáfora.

—¿Dónde se originaba? —preguntó Jim.

—¿A qué se refiere?

—Algunas personas son violentas porque ésa es su personalidad. Pero no es su caso. En ocasiones la gente pone el piloto automático. Ya sabe, por cansancio o tensión, hay veces en que una persona se comporta de un modo automático. No es una excusa, pero en esos casos se sigue un modelo o un ejemplo. Me pregunto de dónde provino.

Jim había comenzado a introducir la idea de que su violencia era algo ajeno a él, que no coincidía con su personalidad y que le había sido impuesta como un programa en un ordenador. Si lográbamos identificar a este "programador" como a alguien despreciable en la vida de Ray, entonces la violencia misma se convertiría en un acto despreciable. Pero Ray respondió con una imagen idealizada del origen de su violencia. Provenía de su padre, a quien él admiraba mucho. Hacía poco éste se había mudado a otro país, y no había regresado ni le había ofrecido ningún apoyo para esta situación difícil.

—Mi padre es una de esas personas que se llevan bien con todos —dijo Ray—. Puede empezar en un empleo y hacerse de veinte amigos en un día. Pero también es de los que no les gustan que se los moleste. Cuando alguien lo hace al principio no dice nada, pero después de un rato estalla como una bomba atómica. Mi madre también es así. Yo solía reñir mucho con ella, porque no le gustaba que volviese tarde por la noche. Siempre que estaba a punto de meterme en la cama ella bajaba la escalera y me preguntaba dónde había estado —Ray continuó hablando un rato sobre el mal carácter de su madre.

—Es una mala tradición en su familia —dijo Jim—, la de salirse de control. ¿Cómo se inició la violencia con su esposa?

—La primera vez que la golpeé fue una especie de respuesta. Ella me golpeó a mí... yo estaba conduciendo. Peleábamos por algo. Ni siquiera recuerdo lo que era y yo le dije: "Cállate, puta". Nunca antes le había hablado de esa manera. Ella no soportaba que la llamasen "puta". No sé por qué... era algo intolerable para ella. Y no sé por qué pero me abofeteó mientras conducía, y fue como un acto reflejo —hizo un gesto como si abofeteara a alguien con el dorso de la mano—. Y recuerdo que fue extraño, como... como un reflejo, como si no hubiese podido responder de ninguna otra manera a eso.

—¿Qué fue lo peor que le hizo jamás?

—Probablemente, lo peor haya sido lo último. La cogí por la nuca y le estrellé el rostro contra una mesa, y entonces...

—Es pavoroso.

—Sí. Luego la pateé y la hice caer. Casi de inmediato desapareció la peor parte de la violencia y volví a la normalidad... mirando lo que había hecho. Traté de que me perdonara, y entonces...

—Es aterrador.

—Por lo general terminábamos haciendo las paces, y después hacíamos el amor. Era casi una norma: violencia antes de los episodios sexuales.

—Era una situación bastante enferma —dijo Jim.

—Sí, bastante enferma. Nos peleábamos mucho.

Creo que la última fue cuando descubrí que encerraba a los niños en su habitación, porque no quería ocuparse de ellos mientras yo estaba en el trabajo. Cuando llegaba a casa, ellos estaban en pañales y había pañales sucios tirados por toda la habitación.

—¿Hay un año y medio de diferencia entre ellos?

—Sí, un año. Y esos niños habían estado encerrados durante horas, y un par de veces habían dejado su propia mierda por las paredes. En esas situaciones pasé de uno o dos actos violentos a algo que era una locura. Era como *La guerra de los Roses*, ¿conoce la película, *La guerra de los Roses*? Era así.

Ray volvía a dar una imagen idealizada de su violencia. El era como un actor de cine, en una película de Hollywood. Continuó contando cómo, durante la época en que descuidaba a los niños, su primera esposa consumía drogas y que era por eso que no había querido la custodia cuando se divorciaron.

—Alberga un odio tan activo por su ex esposa —dijo Jim— que excede todo lo ocurrido... es algo que se encuentra en usted. Es una de las cosas que funcionan como una bomba de tiempo dentro suyo, y es necesario que lo resuelva. Además, es una amenaza para sus hijos.

—Evidentemente ya no se presentarán situaciones en las que pueda ser violento con ella —respondió Ray.

—No hablo de la violencia entre usted y su ex esposa, sino de la que sus hijos perciben en usted. En lugar de ello deberían percibir que no existe un ápice de violencia en todo su cuerpo, que su madre no corre ningún peligro.

Ray habló de lo frustrado que se había sentido con su primera esposa. Habían sido novios en la universidad, donde él era jugador de fútbol, y ella era una reina de belleza. A los diecinueve años se había sentido obligado a casarse con ella porque estaba embarazada.

Lamentaba haber tenido que trabajar para mantenerla, con lo cual había debido interrumpir su educación. La culpaba por todos sus fracasos: ella lo desalentaba impidiéndole concentrarse en su trabajo; no lo había apoyado para que continuase sus estudios, etc.

—Me preocupa —dijo Jim— que hable de usted mismo como si fuese una marioneta que ella manejaba. Es un hombre talentoso, muy inteligente y dice que no logró esto o aquello porque no obtuvo el apoyo de una mujer. Yo sugeriría que hiciese alguna de las cosas que quería realizar sin la colaboración de ninguna, incluso sin que tengan la menor injerencia.

Ray no sólo debía asumir la responsabilidad por su violencia, sino por su vida entera.

LA QUINTA SESION: MANTENERSE CON VIDA

La madre de Ray, Mary Jane, fue invitada a esta sesión. Nos acercábamos a Navidad, y esperábamos que ella nos ayudase en nuestros esfuerzos de impedir que Ray se suicidase. Queríamos obtener su apoyo para brindar un sentido a la vida de Ray, alentándolo a ayudar a sus hijos. Ray se volvió más desvalido en presencia de su madre, y comenzó a hablar sobre sus ideas suicidas. Lloró mientras manifestaba su soledad y desesperación. Jim tuvo que alentarlo a estar vivo por el bien de los niños.

—Yo trato a victimas de abusos sexuales —les explicó Jim—, y entre ellos hay muchos niños. Lo que más difícil les resulta es enfrentar la situación. Pero usted puede decirles: "Es terrible. Yo lo hice. No vosotros. Pero os amo y pienso cuidaros; me ocuparé de que estéis bien por el resto de vuestras vidas". De ese modo hará que se sientan valiosos como seres humanos. Así comprenderán que sin importar lo que le ocurra, usted los querrá y cuidará de ellos, que estará dispuesto a todo.

—¿Puedo decirle algo a Ray al respecto? —preguntó Mary Jane—. No sé si he compartido esto contigo, y espero no ponerme a llorar. Mi hermano David y yo recordamos ciertas cosas que nos pasaron cuando yo tenía menos de dos años y él apenas cinco. Mi madre no permitía que mi padre nos viese, aunque legalmente no tenía ningún derecho a impedírselo. Nos llevó lejos de donde vivíamos y contrató a unas niñeras para que nos cuidasen. Les dijo que mi padre no tenía permiso para visitarnos, y que si él se acercaba a la casa nos ocultasen en el cobertizo. Allí había una ventana muy pequeña. Yo era demasiado pequeña para alcanzarla, y solía aferrarme a mi hermano porque como era mayor, podía subirse a un cajón y mirar hacia afuera. El recuerda que una vez vio venir a papá y que golpeó la ventana diciendo: "¡Estamos aquí, papi! ¡Estamos aquí!". Por supuesto que papá no pudo oírlo, porque el cobertizo estaba demasiado lejos. Y la mujer dijo: "Yo no cuido a esos niños. No sé de qué me habla".

»Y cuando David me contó esta historia, se le quebró la voz y empezó a llorar. Tú sabes que él ya es un adulto, tiene cincuenta y un años, pero lloraba como un niño pequeño. "Acabo de entenderlo, Mary Jane, me dijo. Todavía espero que papá venga a buscarme." No te equivoques. Ellos siempre quieren que su papá vaya por ellos. Incluso cuando tienen cincuenta y un años.

Ray la había escuchado como hipnotizado. Ahora parecía más esperanzado.

—¿Me da su palabra de que no se hará daño? —le preguntó Jim mientras le tendía la mano.

—Ya le he dado mi palabra. Es sólo que es tan difícil —dijo Ray mientras se enjugaba las lágrimas y estrechaba la mano de Jim.

La sesión continuó con una conversación optimista sobre las cosas interesantes que Ray podría hacer cuando saliese de la cárcel. Jim le sugirió que hiciese un viaje espiritual.

—He tomado tres semanas de vacaciones en diez años —dijo Ray.

—Existen ciertos grupos indígenas —le comentó Jim— que creen que uno no es un hombre hasta que ha visto ciertos lugares y se ha familiarizado con ciertos espíritus. Por eso hacen unas largas caminatas que son como travesías espirituales.

—Como ritos de iniciación —dijo Mary Jane.

—Sí —continuó Jim—. En la India visitan todos esos lugares maravillosos. Es como si uno no pudiera ser un hombre hasta que haya logrado salir de su situación.

La sesión finalizó en este tenor; analizando las cosas agradables e interesantes que le esperaban a Ray.

LA SEXTA SESION: ENCONTRAR LA METAFORA

Nuestro objetivo para esta sesión era encontrar la metáfora para la violencia de Ray. ¿Quién lo había programado para esa violencia? ¿Qué vida estaba repitiendo? ¿Qué había en su pasado? Jim volvió a invitar a la madre con la esperanza de descubrir los actos violentos y abusos que se habían producido en la infancia de Ray, así como en las generaciones anteriores de la familia.

Para producir una persona como Ray, quien amaba a su hija y sin embargo abusaba sexualmente de ella, tenía que existir una confusión entre amor y violencia en las generaciones previas de la familia. Decidimos empezar hablando sobre la confusión de Ray respecto de si amaba u odiaba a su primera esposa, Vicky.

—Supongamos que Vicky todavía lo ama —dijo

Jim—, y podemos discrepar en ese punto, pero en favor de la discusión supongamos que usted ama a Vicky. Porque el amor no es una cuestión de blanco o negro. Se puede odiar y amar al mismo tiempo. Eso es lo que confunde tanto. Y las cosas se ponen muy peligrosas si uno no logra ver la combinación de ambos sentimientos. Resulta más fácil y más claro en su relación con Vicky, pero creo que funcionó del mismo modo con Rosemary, aunque no en la misma medida. En otras palabras, existieron más momentos violentos con Vicky, pero el tipo de violencia que se ejerció contra Rosemary fue mucho más dañina. Tenemos que desenmarañar las cosas y establecer una diferencia clara entre amor y violencia, porque ambos sentimientos son confusos para usted. ¿Existieron otras relaciones donde Ray pudo haber experimentado lo mismo? —preguntó Jim, volviéndose hacia Mary Jane.

—¿Con mi esposo o con mi hijo? —preguntó ella.

—Con su hijo.

—Tuvimos una relación tan idílica con él hasta que cumplió los catorce meses —dijo Mary Jane. De pronto su voz se había tornado aguda e infantil. Esto era una señal de que hablaría sobre algo que se había esforzado mucho por olvidar—. El estaba con su padre y conmigo todo el tiempo allí en Texas. Nunca se portaba mal, nunca recibía una palmada. Pero cuando regresamos de Texas, tuve que dejarlo al cuidado de mi madre durante el día porque yo trabajaba. Mi esposo todavía no había podido conseguir un empleo. Ray permanecía en un corralito la mayor parte del tiempo. Recuerdo que una vez llamé al mediodía para preguntar cómo estaba, y ella me dijo que lo había golpeado en la cara.

»Como sólo tenía dieciséis o dieciocho meses en ese entonces, le pregunté a mi madre por qué le había pegado en la cara. Todavía recuerdo las terribles palizas que recibía yo cuando era niña. Le dije: "Todavía tiene la mollera abierta". Ya sabe, no me opongo a que, de ser necesario, un niño reciba un par de palmadas en las nalgas o en la pierna, pero nunca en la cabeza. Una vez le pegué en la cara cuando tenía dos años. Después lo abracé y permanecí meciéndolo mientras lloraba y le pedía perdón. Juro que nunca toqué a mis hijos del modo en que me golpeaban mis padres.

—¿Ellos le pegaban mucho? —preguntó Jim.

—Por Dios, sí. Me han puesto los ojos negros, me han hecho sangrar la nariz... hubo veces en que me golpeaban media hora seguida. Sí, tuve una infancia muy violenta. Por eso quise que con mis hijos fuese perfecto. Así fue como me senté con este pequeño de dos años en el suelo, llorando y meciéndolo mientras decía "Lo siento tanto Ray, lo siento tanto". Y solía gritarle mucho.

En la terapia de criminales sexuales, uno de los problemas más difíciles es desarrollar su empatía y su compasión. Estos hombres pueden cometer crímenes sexuales en forma repetida porque albergan poco o ningún sentimiento por la víctima. Sólo cuando un hombre puede sentir empatía y compasión comienza a asumir verdadera responsabilidad por sus actos, porque sólo entonces comprende las consecuencias de ellos. La autodeterminación no es posible si una persona no asume la responsabilidad de su propia conducta. Por lo tanto, un objetivo de una terapia de acción social es generar la empatía y la compasión que posibilitan la autodeterminación.

Al trabajar con este problema, se me ocurrió pensar que el primer objeto de empatía es la madre. De niños, nuestro cuerpo apenas si se diferencia del de ella, y sentimos lo que ella siente. Nuestra madre es nuestro primer objeto de amor, y sólo en forma gradual comenzamos a extender ese amor a otras personas, empezando por aquellos a quienes ama nuestra madre. Cuando algo está mal en el desarrollo del niño, ese amor no se traslada a otros. La criatura se vuelve incapaz de sentir empatía y compasión. Para corregir esta situación, el criminal debe ser alentado a compadecerse del sufrimiento de su madre, tal como debió haber ocurrido durante su infancia, y a recuperar los sentimientos cálidos que debió haber experimentado por ella. Entonces es posible extenderlos a otras personas y generar la empatía que no pudo desarrollar en la niñez.

Este fue uno de los objetivos cuando invitamos a la madre de Ray a participar de la terapia, y por ello nos pareció muy apropiada su historia sobre cómo ella misma había sido maltratada. Ray la escuchó y más tarde, incluso cuando hablaron sobre cómo Mary Jane lo había maltratado a él, no hubo ira sino sólo amor por ella, una buena señal de que sería capaz de desarrollar su compasión por otros.

Mary Jane siguió hablando de la época en que Ray estaba al cuidado de su abuela.

—Años después mi hermana me dijo: "¿Tienes idea de lo mucho que mamá odiaba a esa criatura?" Yo le pregunté por qué lo decía. Era como un secreto familiar que nunca me habían contado; que cuando lo golpeaba ella parecía tener una especie de orgasmo, que le pegaba en todo el cuerpo. Yo lo hablé con la consejera del hospital y ella me dijo: "¡Eso es abuso sexual! Cuando uno libera esa clase de energía, está relacionado con el sexo!" No sé si es cierto o no, doctor Keim, sólo sé que mi hermana me lo reveló años más tarde. Esto se prolongó unos seis meses en la vida de Ray.

Finalmente, había encontrado la metáfora que estaba buscando. Cuando Ray se volvía violento no era el Increíble Hulk. No era como su padre. Su violencia no tenía nada que ver con la hombría o la justicia. En esas ocasiones, Ray se convertía en una vieja sexualmente loca. Era su abuela. Ella era el monstruo que habitaba en su interior. Ella era quien lo había programado para la violencia y el abuso sexual. Me pareció que esa imagen de la abuela le resultaría lo suficientemente repulsiva y que, si realmente entendía que ella era el monstruo que lo habitaba, nunca volvería a tener esas conductas.

Para que un criminal cambie, lo importante no son las palabras del juez ni la sentencia de prisión: lo que debe cambiar es la metáfora de la violencia. Esta tiene que adquirir un significado repulsivo en la vida del delincuente; tiene que estar asociada con la persona más odiosa de su pasado. El criminal debe vivenciar que ha sido programado y manipulado para la violencia por alguien a quien desprecia. Sólo entonces cambiará.

Las metáforas son poderosas motivadoras. Casi todas las guerras entre naciones y grupos étnicos se han realizado por ideas y símbolos. Así como debe existir una metáfora para que un grupo se vuelva violento, lo mismo ocurre con el individuo. Para que la violencia termine, la metáfora tiene que cambiar. Pero la reformulación debe tener lugar en el momento en que causa mayor efecto. Esperaríamos el momento indicado. Yo sabía que Jim no procedería a hacer una reformulación hasta que la hubiésemos planificado juntos.

Jim se volvió hacia Ray.

—¿Recuerda la violencia de su abuela?

—Me acuerdo de que odiaba ir allí —dijo Ray—. Creo que he olvidado la mayor parte. Traté de recomponer las cosas con ella poco antes de su muerte, pero simplemente no nos entendimos.

—Intentaré resumir los diferentes tipos de violencia en su familia y la confusión entre amor y violencia. —Jim se volvió hacia Mary Jane—. ¿Usted me dijo que el padre de su madre había abusado sexualmente de ella? —[La abuela que abusaba de Ray había sufrido el mismo trato por parte de su propio padre.]

—Todas las niñas de la familia. Eso era incesto. Tenía relaciones sexuales con esas niñas.

—¿Y su padre abusaba sexualmente de su hermana?

—Sí, y de un modo encubierto abusaba de mi hermano y de mí.

—Sexualmente.

—Si —dijo Mary Jane—. Nos obligaba a inclinarnos y nos lavaba el ano cuando éramos lo bastante grandes como para hacerlo solos. Si nos quejábamos, amenazaba con azotarnos.

—¿Su padre?

—Sí. Cuando mi hermana era adolescente, él llegaba borracho y la molestaba. No sé si sabía lo que hacía, pero si ella no se hubiese ido de casa creo que habría sido violada. A partir de entonces mi hermana nunca ha estado bien.

—¿Dijo que su madre abusó sexualmente de usted?

—No, mi padre. Pero lo que hacía mi madre era vestirme con ropas muy seductoras que ella misma cosía. No me gustaba vestirme de ese modo. Y recuerdo una vez en que me hizo caminar desnuda frente a su amiga para mostrarle mi cuerpo, y yo me sentí como una idiota. Ella quería mostrarle que tenía un cuerpo perfecto. Yo pensaba que si lograba criar a mis tres hijos sin que nadie los molestara, el ciclo podía quebrarse. No lo logré. Algo fue comunicado.

—Y entre ustedes dos —dijo Jim— lo hicieron mucho mejor que la generación anterior, pero todavía quedó la violencia física, la ira, la pérdida del control.

—La pérdida del control —repitió Mary Jane—. Recuerdo tres ocasiones en que lo golpeé fuera de control —estaba contradiciéndose. Antes había dicho que sólo una vez había perdido el control con Ray—. Le pegué en el rostro cuando tenía dos años y me senté en el suelo a llorar con él. Otra vez entré en el dormitorio y tú gritabas "fuego, fuego", y estaba a punto de golpearte con todas mis fuerzas pero erré y di contra el pilar de la cama. Y otra vez él salió y yo le había dicho que no lo hiciera sin ponerse los zapatos. Había obras en construcción alrededor de la casa, y podía cortarse con un trozo de vidrio. Yo tenía tanta compulsión por la limpieza en ese entonces... parecía loca, limpiando el sótano como si quitando la mugre habría podido arreglar el mundo. Entonces él llegó corriendo y gritando, con el pie que chorreaba sangre por todas partes, y lo único que pude hacer fue pegarle y pegarle. "¡Te dije que no salieras. Te dije que algo así iba a pasar!" Y había charcos de agua mezclada con sangre.

—¿Usted recuerda esto?

—Era con una varilla —dijo Ray—. Recuerdo el agua en el garaje. Parecía que me iba a desangrar, y esta mujer no dejaba de azotarme con una varilla.

—Recuerdo que cuando tenías esa edad yo era muy agresiva contigo —dijo Mary Jane—. Después de que empezó a caminar, creo que la única vez en que nos tocamos con afecto fue cuando rompió con su primera novia. El vino, puso la cabeza en mi vientre, me abrazó y empezó a llorar. Lo hizo en forma vacilante, como si temiera que yo fuese a echarlo. En mi familia nunca nos abrazamos, nos tocamos ni nos besamos. Mi madre jamás me había dicho que me amaba. Era algo que no se hacía. Poco antes de que muriera, me obligué a abrazarla y decirle que la quería. Fue lo más difícil que hice en toda mi vida. Me sentía tan anormal, pero me obligué a hacerlo. Y todo su cuerpo se puso tenso.

Jim habló sobre la importancia de terminar con la violencia y el abuso sexual, de modo que no continuase en la siguiente generación. Decidimos invitar a Vicky, la primera esposa de Ray, a la sesión siguiente.

A través de Shirley, sabíamos que podía estar dispuesta a aceptar la invitación.

Cada tanto, Jim hablaba con Shirley por teléfono para averiguar si estaba bien. Nos preocupaba su bienestar y le habíamos ofrecido una terapia con Jim o con otra persona, pero ella se había negado. Jim la había alentado a hacer todo lo posible para mantenerse en contacto con los niños. En una de las conversaciones, le sugirió que llamase a Vicky y le ofreciese trabajar de niñera sin cobrar. Sospechábamos que Vicky, acostumbrada a la vida de soltera, debía echar de menos su libertad. En efecto, a Vicky no le agradaba permanecer en casa y aceptó la oferta de inmediato. Durante las muchas visitas de Shirley, ambas mujeres se habían hecho grandes amigas. Tenían un enemigo en común: Ray. Ahora Shirley podía continuar su relación con los niños y verlos a menudo. Había hablado bien de Jim a Vicky, por lo que sabíamos que era el momento de invitarla.

LA SEPTIMA SESION: EL MONSTRUO INTERIOR

Cuando Vicky entró en el consultorio, me sorprendió ver lo mucho que se parecía a la madre de Ray. Rubia y curvilínea, se notaba que podía haber sido una reina de belleza. Se sentó lo más lejos posible de Ray, en el sillón opuesto, con el abrigo y el bolso sobre el regazo como si quisiese protegerse. Ray estaba tenso, y mostraba una mezcla de anhelo y resentimiento hacia ella. En tanto Shirley había tenido una actitud silenciosa y reservada, Vicky era conversadora y práctica.

—¿Tienes idea de lo que significa tratar con una niña de nueve años que es una suicida? —le preguntó Vicky a Ray, casi estremecida de indignación.

»Se cortaba a sí misma, se arañaba el rostro. Era el

infierno absoluto. "Mamá, ¿es cierto que cuando la gente se suicida no puede ir al cielo?" Y lo único que puedo hacer yo es decirle: "Sí Rosemary, es cierto", porque sé de qué habla y de quién habla. "Mami, hay demasiado dolor en el mundo. No lo soporto. No quiero vivir en este mundo porque hay demasiado dolor. Papi me hizo esto porque soy fea. Papi no me quería. Tú no me querías, mami, me dejaste con papi y él me hizo esto porque soy fea, porque nací con un agujero en la cara. Quiero irme con Jesús, mami, quiero irme con Jesús ahora. No quiero esperar. Todos me dicen que cuando sea grande las cosas serán mejores. No quiero esperar a ser grande, me duele demasiado."

»Era aterrador. Salía de su dormitorio con la cara cubierta de rasguños. Se producía quemaduras. Era el infierno. Lo único en que piensa es en tu expresión cuando te delató. Cuando Shirley te enfrentó por lo de los abusos y tú te volviste para mirarla. Es todo lo que recuerda de ti.

—Es que yo no quería que ella me viese —murmuró Ray confundido, como hablando solo. Tenía una expresión aturdida—. Cuando la vejaba, yo no quería que ella me viese —pensaba que Vicky hablaba del contacto visual durante los abusos, aunque en realidad ella se refería al momento en que Shirley se había enterado.

—¿No querías ver su rostro? —preguntó Vicky con repulsión.

—No quería mirarla.

—Y si comprendías tan bien lo que hacías, ¿cómo podías continuar? Si te importaba tanto no verla...

—No quería que ella me viese —la interrumpió Ray—. Eso era lo más importante. No quería que ella me viese. Era casi como si no quisiera que supiese lo que estaba haciendo. Pero evidentemente ella lo sabía... no lo sé... Si no ve lo que hago, tal vez no sepa lo que hago...

—No tienes duda de que la habrías penetrado —dijo Vicky.

—De haber seguido con los abusos, sí.

—Por supuesto. Fuiste tan lejos como pudiste. ¿Qué hubieras hecho si esa niña quedaba embarazada de un hijo tuyo?

—No quiero pensar en eso —dijo Ray inclinado, con la cabeza entre las manos.

—¿Nada de esto pasó por tu mente? Ya sabes que sus hormonas están comenzando a funcionar.

Nos habíamos preparado para alentar a Vicky a que lo enfrentase respecto del abuso, pero no era necesario. Ella quería averiguar qué pasaba por su mente. Las conversaciones explícitas con miembros de la familia son esenciales para la terapia. El incesto es posible porque se guarda en secreto. En cuanto se vuelve público, la sociedad interviene para detenerlo. Por lo tanto las relaciones incestuosas tienen que hacerse públicas ante cada miembro de la familia. Esta es la mejor prevención contra el abuso sexual.

—Algo que usted puede querer saber, Vicky —dijo Jim—, es si alguien abusó sexualmente de Ray —Jim quería dirigir la conversación hacia la infancia de Ray, con la intención de encontrar el momento adecuado para reformular la metáfora de violencia.

—Se lo pregunté —dijo Vicky—. Sé que su abuelo lo acarició una vez.

No sabíamos nada de esto. Me parecía que en cada sesión se revelaban nuevos incidentes de abuso.

—Yo tenía la ropa puesta —dijo Ray—. Lo que en realidad hizo fue... Yo estaba bajando de la parte trasera del camión... tenía ocho o nueve años, y él me pasó la mano por la pierna y me sujetó los testículos.

—¿Y cómo sabes que fue la única vez? —preguntó Vicky—. ¿Sólo porque puedes recordarlo?

—Es la única vez que recuerdo.

—También está la cuestión —dijo Jim— de si su abuela...

—Abusó de él física y perversamente —lo interrumpió Vicky—. Y, ¿puedo decir algo?

—Sí —respondió Jim.

—Una vez tu madre me dijo algo que me hizo caer de culo. Su hermana le había contado que lo más extraño de todo era que, cuando tu abuela abusaba de ti, lo disfrutaba mucho. Sonreía. Yo casi me desmayo. ¿Sabes por qué? Porque cuando abusabas de mí sonreías. Eso era lo más aterrador —Vicky veía la conexión entre el abuso de la abuela y la violencia de Ray. Sabía que su abuela habitaba dentro de él.

—Hay algo que quiero decirte sobre lo nuestro —dijo Ray—. Empecé a ver algunas cosas cuando nos encontrábamos con esa terapeuta allá en Virginia, pero nunca fui honesto con ella sobre lo que pasó en realidad —Ray se volvió hacia Jim—. En ese entonces me despertaba en medio de la noche, y tenía la alucinación de que Vicky era un demonio a mi lado. La miraba y pensaba que conseguiría librarme de esa sensación, que dependía de mi voluntad. Era extraño, hubo un período que duró más o menos un año en que la veía y ella parecía transformarse en... no puedo explicarlo. ¿Habéis visto *El exorcista*? Bueno, la noche en que vi *El exorcista* volví a casa y percibí esa fría presencia en la habitación. Seguramente estaba volviéndome loco, pero solía tener esa sensación fría, como una batalla de voluntades. En ese entonces estaba muy metido en asuntos religiosos, y me parecía como que había otra fuerza que tiraba de mí... que peleaba contra esta otra fuerza todo el tiempo. Entonces este demonio empezó a presentarse a través de ella.

—¿Fue entonces cuando empezó a despertar en la mitad de la noche? —le preguntó Jim.

—De alguna manera esto empezó a pasarme —dijo

Ray—. Yo me quedaba dormido en medio de una discusión. Simplemente me adormecía, y de pronto ella me daba con el codo: "¡Despierta! ¿Por qué te duermes mientras hablo?" Entonces era como salir de un trance, y me volvía loco. Le habría arrancado la cabeza a alguien. Para mí esto era significativo porque me sentía como en un arrebato espiritual... como en una misión divina... y recuerdo que lo que más me importaba en la vida era ser ordenado sacerdote de esta iglesia a la que asistía. Pero cuanto más me acercaba a ello, esta otra mitad me desgarraba... la parte violenta que la atacaba a ella.

—Una presencia real en su infancia —dijo Jim—. Su abuela perdía el control en un extraño sentido sexual, y...

—Yo te veía con una sonrisa así —lo interrumpió Ray mirando a Vicky—, como la de mi abuela... Mi madre también sonreía de ese modo... Era como un gesto perverso —Ray parecía mirar en su interior—. Lo recuerdo perfectamente... sí. Mi abuela me golpeaba la cabeza con todas sus fuerzas. Entonces se sentaba allí y me sonreía. Me gritaba que me callara, y después venía el golpe —hizo exactamente el mismo gesto que cuando describió su primer golpe a Vicky, con el dorso de la mano.

Vicky rompió en llanto.

—¡Me asustas! —hubo un silencio mientras ella sollozaba.

—¿Estás bien? —preguntó Ray, y luego siguió hablando como si hubiese retrocedido en el tiempo—. Recuerdo eso. Pasó tanto tiempo... ni siquiera sé qué edad tenía cuando pasó.

Este era uno de esos raros momentos de la terapia cuando alguien recupera un recuerdo traumático de la infancia. Aunque Mary Jane le había hablado a Ray sobre los abusos de su abuela, ésta era la primera vez en que él podía recordarlo. Era el momento indicado para reformular la violencia que habitaba dentro de Ray. Desde atrás del falso espejo, llamé a Jim por teléfono y le dije que prosiguiera con la reformulación que habíamos planeado.

—Por más terrible que sea —dijo Jim—, ésta es la clase de cóctel demente que resulta en los abusos sexuales. Hay adultos que por momentos son completamente impropios, que pierden el control de un modo que tiene connotaciones sexuales.

Ray habló como en medio de un sueño.

—Ella empezaba por decir: "¡Hola pequeño Ray! ¡Jii! ¡Jii!". Y era como una risa que decía "¡Te odio!".

—Y tiene que aclarar esta confusión entre amor y violencia —continuó Jim—. La forma de hacerlo es comprender los límites entre los dos, a pesar de que estaban mezclados en su infancia. Usted tuvo esa clase de educación. Nadie le enseñó los límites entre amor, sexo y violencia.

—Lo había olvidado por completo —Ray parecía conmovido.

—Es una señal de que comienza a poner cada cosa en su categoría adecuada —dijo Jim—. Tiene que aprender a archivar esos recuerdos. Tiene que aprender a mirar el pasado y decir: "Estas son cosas terribles que me han ocurrido, y sé por qué estuvieron mal".

—Tal como tendrá que hacer Rosemary —dijo Vicky.

—Sí —respondió Jim.

—Tal como lo manejé yo —agregó Vicky, refiriéndose a la violencia de Ray contra ella.

—Hasta que no los haya archivado correctamente —continuó Jim—, seguirán surgiendo de una manera que no tiene relación con el resto de su ser. En otras palabras, si no ha clarificado qué sucedió, estará influido por ello. Pero no es necesario que sea así.

—Por eso estallé de ese modo la primera vez que me golpeaste —dijo Ray.

—Usted mencionó su pelea con una persona con quien compartía el piso... —observó Jim.

Ray lo interrumpió.

—Ahora que lo pienso puedo comprenderlo... pero en ese entonces siempre me sentía orgulloso de ello. Estaba orgulloso de contar con esta bomba nuclear en mi arsenal, para el caso que la necesitara. Si alguien me provocaba, ¡era tan loco que podía arrancarle la cabeza!

—Tiene que dejar de considerarla una herramienta —dijo Jim—. Su abuela la usaba como una herramienta, y luego usted la utilizó en su relación. ¿El le dio una descripción exacta de su violencia, Vicky?

—Sí.

—Es como si tuviera un botón en su interior, y si lo presiona comienza a actuar como la abuela. Entonces cualquier violencia es posible.

—Yo vi a tu padre —dijo Vicky—. La forma en que maltrataba a tu hermana Rose. Una vez la vi salir corriendo de la habitación con un trozo de madera clavado en la mano. Y a Sally estuvo a punto de romperle el brazo. Tu madre bajó la escalera con el labio ensangrentado. ¡Estuvo a punto de atacarme a mí, hasta que lo pusiste contra la pared!

Parecía que cada vez que estábamos a punto de cerrar la cuestión de la violencia, alguien recordaba nuevos incidentes.

—No iba a atacarte —dijo Ray.

—No me digas —respondió Vicky—. ¡Tenía tu misma expresión en el rostro! También te arrojó contra una pared cuando tenías tres años, y te hizo sangrar la nariz. Tu madre me llevó a su dormitorio y me dijo que ibas a ser violento conmigo, Ray, y yo no le creí.

—Antes, al pensar en todo esto —dijo Jim—, usted lo consideraba una faceta fuerte y masculina. Pero la verdad es que era una abuela loca y abusadora sexual. Esa es la fuerza. Por lo tanto cuando tenga esa sensación descontrolada, Ray, al estilo de su abuela, tiene que sentirse igual que cuando piensa en lo que le hizo a su hija: conmovido. Tiene que haber repugnancia. Eso es lo que significa estar fuera de control. Debe adjudicarle el rostro apropiado.

Al final de esta sesión, yo suspiré aliviada. La parte más importante de la terapia estaba cumplida. No creía que Ray volviese a ser abusivo o violento. La siguiente etapa (mientras esperábamos la posibilidad de tener una sesión de disculpa con Rosemary) sería el lento proceso de sacar a Ray de su aislamiento y soledad.

LAS SIGUIENTES VEINTE SESIONES: LA LUCHA CONTRA LA SOLEDAD

Shirley, la segunda esposa de Ray, esperó a que éste saliera de la cárcel para dejarlo. Cuando se marchó de la casa y solicitó el divorcio, él quedó devastado y se volvió peligrosamente suicida. En prisión había idealizado a Shirley y creía que ninguna otra mujer jamás querría estar con él. Siguiendo mis sugerencias, Jim le dijo que necesitaba aceptar el hecho de que Shirley no había sido la mujer adecuada para él. Aunque Ray tenía total responsabilidad por el abuso de Rosemary, la realidad era que aquello había ocurrido mientras vivía con Shirley. La verdad era que Shirley no sacaba a relucir lo mejor de él. Jim le aseguró que, con el tiempo, lograría encontrar a la mujer adecuada para él.

Durante los primeros dos meses de libertad, Ray estaba tan solo que Jim, que trabajaba los fines de semana, lo hacía ir al consultorio y permanecer en la sala de espera para que pudiese tener algún contacto humano. Ray era un artista talentoso, y pintaba acuarelas mientras esperaba para cruzar unas palabras con Jim entre una sesión y otra.

En este período, las hermanas de Ray fueron a visitarlo, participaron en un par de sesiones y le ofrecieron su apoyo y amistad.

LA SESION DE DISCULPA

Nueve meses después de iniciada la terapia, el profesional que atendía a Rosemary dio su permiso para que tuviese una sesión con Ray. Finalmente aceptó porque, después de recibir la carta en la que Ray se disculpaba, en sus sesiones Rosemary sólo hablaba de lo mucho que necesitaba ver a su padre. Por último, el terapeuta le dijo a Jim que podía haber una sesión pero tenía que ser en su propio consultorio, en su presencia. Por lo tanto Jim fue allí con Ray, donde los aguardaban Vicky y Rosemary.

En cuanto entró en el consultorio y vio a la niña, Ray cayó de rodillas llorando. Sus palabras de dolor y arrepentimiento fueron profundamente conmovedoras y sinceras. Cuando terminó, Rosemary le dijo:

—Has sacado un cuchillo de mi corazón.

Vicky se conmovió tanto ante la disculpa de Ray y la respuesta de Rosemary que pidió al juez que otorgase un permiso de visita al padre, ofreciéndose como supervisora junto con la madre de Ray. Por lo tanto nueve meses después de iniciada la terapia, Ray ya veía a sus hijos con regularidad en los fines de semana, los llevaba a pasear y trabajaba activamente para sanar la relación.

EL FINAL DE LA TERAPIA

La terapia continuó durante dos años, con sesiones quincenales durante los últimos nueve meses. Terminó por mutuo acuerdo cuando Ray ya no tenía intenciones suicidas, había comenzado a salir con mujeres y a hacerse de algunos amigos, continuaba trabajando y veía a sus hijos con regularidad bajo la supervisión de su madre. Estaba muy agradecido por la terapia, e incluso escribió una carta a un periódico sobre la importancia de que los delincuentes sexuales recibieran un tratamiento apropiado. Consideraba que la terapia le había brindado el poder de autodeterminación, lo cual nunca había tenido en el pasado.

Cuando finalizó el tratamiento, Ray se enamoró de una mujer pero luego descubrió que el primer esposo de ésta había vejado a la hija de ambos. Le sorprendió comprobar que la mujer lo había escogido antes de saber lo que había hecho, y terminó con la relación. Un año después mantenía un serio noviazgo con otra mujer.

Vicky se mudó con sus hijos a otro estado para estar más cerca de sus padres, quienes la ayudaron a conseguir un buen empleo y se encariñaron mucho con los niños. No obstante, no simpatizan mucho con Ray y ponen trabas a sus visitas. El continúa viendo a sus hijos bajo la supervisión de Mary Jane, pero ahora tiene que viajar para visitarlos. Me alegra comprobar que ahora los niños mantienen una relación estrecha con la familia de Vicky, en la que no existe ninguna historia de incesto y violencia.

Capítulo 5

Pasos en la terapia de delincuentes sexuales adultos

Tal como hemos visto en los dos casos presentados hasta ahora, lo mejor es planificar la terapia de delincuentes sexuales como una serie de pasos que deben ser ejecutados en una forma organizada. Esta manera de hacer terapia es útil para controlar la ansiedad del profesional que trabaja con problemas tan tristes y difíciles. Siempre hay un objetivo alcanzable: dar un paso y luego avanzar hacia el siguiente. En ocasiones pueden avanzarse varios pasos en una sesión. Otras veces la terapia avanza lentamente. Pero siempre hay objetivos claros.

Aquí presentaré los pasos para la terapia de un adulto que puede haber cometido un crimen contra sus propios hijos, hijastros, sobrinos, nietos u otros familiares. Los pasos se describen en términos de cómo proceder cuando el criminal es un padre. Luego abordaremos otras circunstancias.

En la mayoría de los casos, al iniciarse la terapia el delincuente ya ha sido denunciado a las autoridades, pero si el abuso es descubierto durante el tratamiento quien debe hacerlo es el terapeuta. Por lo tanto, antes o después del juicio, al delincuente le conviene cooperar con el terapeuta ya que la opinión de éste suele ser requerida por el juzgado. Esta influencia es importante ya que, al principio de la terapia, muchos delincuentes no están arrepentidos y sólo participan porque existe una orden legal.

PASO 1: EXPONER EL DELITO

Por lo general, al inicio de la terapia el criminal ha sido alejado de la familia y el juzgado le ha prohibido tener contacto con la víctima o con otros hijos. El terapeuta puede empezar por encontrarse a solas con el agresor y gradualmente ir incluyendo a otros miembros de la familia hasta que se obtiene el permiso para mantener una sesión de disculpa con la víctima. Otra posibilidad es reunirse con la víctima y la familia y, de ser posible, con el delincuente por separado, hasta que sea posible reunirlos a todos.

Por lo general el juez otorga permiso si el terapeuta asegura que, en ningún momento, la víctima y el victimario quedarán a solas. Incluso aunque el delincuente esté en la cárcel, pueden organizarse sesiones familiares con un permiso especial.

En ocasiones la víctima y la familia no quieren ver al agresor, por lo que es importante convencerlos de que sólo se les pedirá su presencia durante unos pocos minutos. No tienen que hablarle e incluso pueden no mirarlo. Lo único que deben hacer es escuchar lo que él tiene que decir. No es necesario que respondan. Cuando el terapeuta explica claramente que se trata de una sesión única para recibir una comunicación específica del delincuente, es raro que la familia o la víctima se nieguen.

Después de establecer cierto intercambio entre el delincuente y la familia, inquirir sobre la forma en que viven, su trabajo, etc., el primer paso es obtener información clara y concreta sobre el delito sexual. ¿Qué fue exactamente lo que el padre hizo a la criatura? ¿Dónde lo hizo? ¿Con cuánta frecuencia? ¿Quién lo sabía o lo sospechaba? El terapeuta debe hablar con el agresor y convocar a los familiares lo antes posible. Lo ideal es que toda la familia esté reunida en la primera entrevista: madre, padre, hijos, abuelos y otros parientes. El terapeuta los interroga uno a uno respecto de todo lo que sabían o sospechaban sobre el delito.

Es muy importante utilizar un lenguaje explícito. El terapeuta debe sentirse cómodo empleando palabras como pene y vagina, y a través de sus términos tiene que asignar responsabilidades. Por ejemplo, en vez de preguntar "¿Qué pasó?" tendría que inquirir algo como "Cuénteme qué actos sexuales la obligó a realizar" o "Cuénteme qué actos sexuales le infligió".

Esto no es algo que "ocurrió". Es algo que una persona le hizo a otra. La elección de las palabras es muy importante porque ésta es una terapia en la que se adjudican responsabilidades, lo cual tiene que estar claro desde el comienzo. Por encima de todo, la víctima necesita escuchar que el delincuente asume toda la responsabilidad por el crimen, que él o ella no causó en ninguna forma lo ocurrido.

El terapeuta debe formular las preguntas con habilidad, mostrando el suficiente respeto, compasión y comprensión como para que el agresor pueda relatar con precisión lo que le hizo a la víctima. Entonces el profesional podrá señalar las acciones que fueron responsabilidad exclusiva del delincuente. No se puede culpar a nadie más, ni a la víctima ni a ninguna otra persona. La terapia no puede continuar hasta que el agresor haya asumido su responsabilidad.

Un principio muy importante de esta terapia es no ejercer ninguna presión sobre la víctima. De hacerlo, esto podría experimentarse como una manera de quitar responsabilidad al agresor. Una terapia de acción social se basa en conceptos morales en las que la víctima y el victimario no son considerados como iguales, y no comparten una responsabilidad. Hasta una pregunta puede vivirse como presión y humillación por parte de una persona que ha sufrido abusos sexuales. Por eso, cuando el terapeuta interroga uno a uno a los familiares sobre lo que saben respecto del crimen, es muy importante no preguntar nada directamente a la víctima. La destreza del terapeuta es indicar que la víctima puede hablar si lo desea, pero que no está obligada a hacerlo.

El primer paso es importante porque suele ser la primera vez que la familia se reúne y habla sobre el abuso. Es crucial que todos estén enterados porque el incesto sólo es posible en tanto sea un secreto. En cuanto se vuelve público, la sociedad interviene para detenerlo. Por eso debe hacerse público dentro de la familia. Un principio básico de la terapia es que no existan más secretos en la familia. Un secreto puede conducir a otra alianza impropia y a otra situación de incesto. Es posible que en las familias donde no existe el incesto la gente pueda ocultar información una de otra, pero en caso contrario ya no pueden existir más secretos.

Es muy importante incluir a las personas mayores de la familia (padres del agresor, abuelos, tíos, tías o cualquier otro pariente de edad) al inicio de la terapia. Esto facilitará la tarea para el terapeuta. Si los familiares no pueden asistir a la primera sesión, el profesional tendrá que volver a relatar los detalles del delito sexual cuando todos estén presentes. En realidad, todos los pasos anteriores deberían repetirse o resumirse frente a ellos. Siempre es posible reunir a los familiares al menos para una sesión, aunque tengan que viajar largas distancias. Para ello el terapeuta debe transmitir lo importante que es su participación para ayudar a la víctima e impedir nuevos abusos. Si vienen de lejos, el terapeuta puede mantener sesiones prolongadas y cubrir varios pasos en uno o dos días. Aunque no hayan sido buenos padres, los abuelos suelen alegrarse ante la oportunidad de hacer algo por sus nietos, tal vez como una forma de compensar su conducta anterior. En ocasiones el agresor dirá que está alejado de su familia, o la esposa puede decir que no le agradan. Con más razón, en estos casos lo indicado es reunirlos y tratar de restaurar las relaciones. El terapeuta debe recordar que el objetivo es reorganizar la tribu de tal modo que los mayores puedan proteger a los niños, y que la terapia deje de ser necesaria.

La presencia de los familiares es particularmente importante porque, en general, el agresor muestra hostilidad hacia su esposa, sus hijos y también al terapeuta. Pero un hombre que mantiene relaciones sexuales con una criatura es una persona extremadamente inmadura. En cuanto está en presencia de su madre, su padre u otros parientes mayores, comienza a comportarse como un niño. Su hostilidad y resistencia desaparecen, y resulta mucho más fácil llevar adelante la terapia.

Algunas veces, las familias prefieren que los niños menores no estén presentes en la sesión cuando se habla sobre el delito. Esto sólo debe permitirse si el terapeuta considera que no existe amenaza de abusos contra esos mismos niños. De otro modo lo mejor es que estén presentes para evitarles la ansiedad y la confusión sobre el problema familiar. La reserva no los ayuda ni los protege. Cuando son muy pequeños, es necesario proporcionarles muñecas, papel y lápices de colores para que puedan expresarse.

En ocasiones, el padre o la familia afirma o sugiere que la víctima provocó el abuso. Hay veces en que el padre parece mentalmente trastornado al creer que una criatura puede haber deseado realizar el acto sexual. El terapeuta puede pensar que el padre es un psicótico, pero durante el transcurso de la terapia, a medida que se realicen los diversos pasos, esta idea desaparecerá. Debe quedar bien claro que ni el juzgado ni el terapeuta aceptan ninguna idea de provocación. Algunas veces, cuando la víctima es una niña adolescente, ella incluso puede decir que en realidad provocó a su padre y que recuerda haber disfrutado la relación sexual. El terapeuta debe responder que esto carga más culpa sobre el padre, ya que éste debe proteger a su hija de estos sentimientos en lugar de alentarlos.

PASO 2: CONFRONTAR POR QUE ESTUVO MAL

Después de obtener un relato del delito sexual, el terapeuta debe preguntar al padre por qué estuvo mal lo que hizo. Éste puede responder que fue ilegal, que está prohibido por la religión, que interfirió con el desarrollo normal de la criatura o que fue violento. Entonces el terapeuta puede preguntar por qué es ilegal. ¿Por qué un adulto –un padre– no puede tener relaciones sexuales con una niña? ¿En qué forma es violento, y por qué esta mal la violencia? ¿Cómo interfieren las relaciones sexuales con un adulto en el desarrollo normal de la niña o niño?

Insistimos con estas preguntas hasta que el agresor admite el elemento de fuerza y coerción perpetrado contra la víctima, y la brutalidad, explotación y manipulación implicadas. Entonces el profesional pregunta al agresor cómo piensa que debe haberse sentido la criatura, e insiste con la pregunta hasta que el padre comprenda el miedo, la desesperación y la traición que debe haber experimentado, y cómo esos sentimientos se relacionan con los problemas y síntomas que presenta en la actualidad.

En esta conversación, el nivel de enfrentamiento por parte del terapeuta depende del nivel de negación del padre y de lo suicida que pueda ser. El padre debe asumir la responsabilidad por sus actos y comprender el horror de lo que ha hecho, pero el terapeuta también debe cuidar que no intente matarse. El arte de la terapia consiste en saber cuándo detener el enfrentamiento y avanzar hacia el paso siguiente, de modo que el hombre pueda ver que existe alguna esperanza de mejorar.

Entonces el terapeuta expresa que aunque el delito sexual ha estado mal por todos los importantes motivos que acaban de analizarse, ha estado mal por una razón que es aún más importante. Entonces pide a los otros adultos presentes que ayuden al padre a comprender esta razón. Ellos pueden agregar más información sobre los miedos y síntomas de la criatura, o hablar sobre lo que debe sentirse al ser un niño y verse utilizado como objeto para satisfacer impulsos sexuales brutales que ni siquiera es capaz de comprender, y cómo afecta esto a la autoestima y el sentido de identidad de la criatura. El terapeuta concuerda con todo esto.

PASO 3: EXPLICAR EL DOLOR ESPIRITUAL

Entonces el terapeuta dice que estuvo mal por una razón más importante: que causó un dolor espiritual en la criatura. La sexualidad y la espiritualidad están relacionadas en los seres humanos, por lo que un ataque sexual es un ataque contra el espíritu de la persona, en especial cuando ese ataque proviene de alguien a quien el niño ama y de quien depende: el padre.

La sociedad reconoce este dolor y castiga los delitos sexuales con más severidad que otros crímenes. Si el terapeuta se siente incómodo al utilizar la palabra *espiritual*, puede decir que el abuso causó "un dolor en el corazón" de la niña o niño. Dado que, en nuestra cultura, el corazón es el centro de la espiritualidad, todos comprenderán a qué se refiere el profesional.

De más de cien familias con problemas de abuso sexual que han pasado por mi instituto, ninguna puso objeciones a este concepto de dolor espiritual. En realidad, las familias experimentan alivio porque el terapeuta ha puesto un nombre a un dolor que sufrían y que sabían que era diferente. Después de ello, la familia se siente comprendida y resulta más sencillo llevar adelante la terapia.

El espíritu es el centro de los valores humanos tales como la belleza, la bondad, el amor, la verdad, la compasión y la honestidad. Estos valores constituyen la esencia de la conciencia, de lo que es humano. Cuando nos hieren, sufrimos en el núcleo de nuestro ser. Pero este dolor también ofrece la posibilidad de trascendencia.

La experiencia de entrar en contacto con este dolor puede resultar abrumadora para un terapeuta, en particular si él mismo no lo ha experimentado. El profesional debe encontrar fuerza y esperanza en su interior, para luego poder transmitirlas a la víctima y la familia. A mí me resulta útil tener en mente a personas que han sufrido un gran dolor espiritual, y que no sólo han logrado superarlo sino que se han convertido en fuente de inspiración universal.

Una de estas personas es Maya Angelou, quien fue violada a los siete años por un hombre que, más adelante, fue muerto por la familia de ella. Maya enmudeció y no volvió a hablar en cinco años.

«Para mostraros cómo del mal puede resultar el bien —dice ella—, en esos cinco años leí todos los libros de la biblioteca de la escuela Negra; leí todos los libros que pude conseguir de la biblioteca de la escuela Blanca; memoricé a James Weldon Johnson, Paul Laurence

Dunbar, Countee Cullen y Langston Hughes; memoricé las obras completas de Shakespeare, cincuenta sonetos; a Edgar Allan Poe, toda su obra... nunca antes la había escuchado, pero la memoricé. Leí a Longfellow, a Guy de Maupassant, a Balzac, a Rudyard Kipling... Cuando decidí hablar tenía mucho que decir, y muchas maneras de expresar lo que tenía que decir...»

Respecto de su experiencia de abuso sexual, afirma que fue «una clase de maldad espantosa, porque la violación del cuerpo de una persona muy joven suele generar el escepticismo, y no existe nada tan trágico como un joven escéptico, porque significa que la persona ha pasado de no saber nada a no creer en nada. En mi caso esa mudez fue mi salvación. Y de esta maldad pude extraer lo suficiente del pensamiento humano, de sus decepciones y triunfos, como para triunfar yo misma».

En su silencio, Maya Angelou generó la fuerza para recuperar su ser, su espíritu, y luego para trascender conectándose, a través de su poesía, con lo universal. Lo hizo sola. No todos pueden expresar una conexión universal con la humanidad como lo hace ella, pero cualquiera puede recuperarse de una herida espiritual. Contribuir a ello es nuestra tarea como terapeutas.

Según Thich Nhat Hanh, el monje vietnamita, «Un ser humano es como un televisor con millones de canales... Si encendemos sufrimiento, somos sufrimiento. Si encendemos una sonrisa, somos verdaderamente la sonrisa. No podemos permitir que nos domine un solo canal. En nosotros existe la semilla de todo, y tenemos que aprovechar la situación que se nos presenta para recuperar nuestra propia soberanía.»

Si queremos comprender el bien, es necesario que comprendamos el mal. La mayoría de los terapeutas creen que son capaces de comprender el dolor de la víctima. Pero pienso que si realmente queremos entender el dolor espiritual, debemos entender el dolor del victimario. Para ser un terapeuta en el verdadero sentido de la palabra, debemos ser capaces no sólo de ayudar a la víctima sino también de aliviar la desesperación espiritual del delincuente. Porque tanto el dolor de la víctima como el del victimario forman parte de todos nosotros, son parte del drama universal. Para cambiar al agresor, debemos tener el valor de entrar en contacto con el lado más oscuro de la naturaleza humana.

En una ocasión, el rabino Shelomo dijo: «Si se quiere sacar a un hombre del lodo y la inmundicia, no penséis que alcanza con tenderle una mano desde la cima y no moverse de allí. Uno mismo tiene que bajar y meterse en el lodo y la inmundicia. Entonces se lo sujeta con manos fuertes y se lo levanta junto con uno mismo hacia la luz.»

PASO 4:
DESCUBRIR OTRAS VICTIMAS Y VICTIMARIOS

El Paso 4 suele producirse en forma espontánea. Después de hablar sobre el dolor espiritual, la familia revela que hay otras víctimas y victimarios entre sus miembros. La esposa o la madre pueden haber sido vejadas de niñas, y hablan sobre lo mucho que querían proteger a la víctima para que ella o él no tuviese que pasar por la misma experiencia. El terapeuta puede señalar que, según muestran las investigaciones, los abusos sexuales se producen en varias generaciones de la familia, y que el objetivo de la terapia es impedir que más niños sean víctimas en el futuro. Por eso es que resulta necesaria la participación de todos.

El agresor mismo puede haber sufrido abusos sexuales. De ser así, el terapeuta debe aclarar que ello no es excusa para infligir el mismo daño a otra persona.

Por el contrario, precisamente por conocer el dolor espiritual de la víctima, el agresor jamás debería causárselo a otro.

Algunas veces hay tantas víctimas y victimarios en la familia que el terapeuta puede verse tentado a cambiar el centro de atención a los problemas de otros miembros. Pero, como regla general, es mejor no apartarse del primer problema, y luego volver a completar los pasos para otro miembro de la familia. Por otro lado, en ocasiones el terapeuta descubre que en ese mismo momento alguien está abusando de otro niño. En ese caso debe denunciarlo y centrar la terapia en la otra criatura también. Hay veces en que varios niños han sufrido abusos por parte de varios adultos, y el terapeuta debe completar los pasos para todos ellos al mismo tiempo, como grupo.

PASO 5: RECONOCER
EL DOLOR ESPIRITUAL DEL AGRESOR

En este paso, el terapeuta reconoce que el ataque contra el niño también ha causado un dolor espiritual en el agresor, porque es muy terrible hacerle algo así a una criatura, en particular cuando uno la ama y hubiese querido protegerla. Por lo tanto el terapeuta reconoce el dolor espiritual del agresor por haber cometido el crimen.

PASO 6: RECONOCER EL DOLOR DE LA MADRE

El terapeuta debe explicar a la familia que el ataque al niño o niña fue un ataque a la madre de éstos, porque se trata del hijo que ella ama y a quien hubiese querido proteger. Por el mismo motivo, el agresor también atacó a los abuelos y a los otros niños de la familia.

Por lo tanto el terapeuta reconoce que, metafóricamente, el ataque al niño es un ataque a toda la familia, particularmente la de la rama materna. En una terapia de acción social, la violencia no es un impulso o un acto aislado; es una intromisión social que hace impacto en las vidas de todos.

PASO 7: DISCULPARSE DE RODILLAS

El terapeuta pide al agresor que se ponga de rodillas frente a la víctima y exprese su pesar y arrepentimiento por lo que ha hecho, diciendo que asume toda la responsabilidad, que la víctima no es culpable de nada y que nunca volverá a hacerle nada parecido a otro ser humano. La familia y el terapeuta juzgarán si ha sido sincero o no. Durante la disculpa deben estar presentes algunos miembros de la familia, porque el hecho tiene que divulgarse e implicar cierta humillación pública.

Algunas veces, el agresor se niega a arrodillarse por considerarlo humillante. El terapeuta debe responder que es justamente por ello que debe hincarse, que lo que él le hizo a la víctima fue muy humillante y le causó un dolor espiritual, que por lo tanto, al disculparse, el agresor debe adoptar la postura de la humildad espiritual.

En ocasiones el delincuente dirá algo como: «Por favor, perdóname». El terapeuta debe interrumpirlo y aclararle que no está en condiciones de pedirle nada a la víctima, y que «perdóname» es un pedido. La cuestión no es obtener el perdón... es arrepentirse y mostrar su pesar.

Por lo general, después de que el terapeuta ha hablado sobre el dolor espiritual, el padre se pondrá de rodillas y se disculpará sincera y espontáneamente, con frecuencia llorando. Entonces el profesional puede preguntar a la familia si su arrepentimiento les ha parecido sincero. En caso contrario el agresor tendrá que disculparse una y otra vez, en ésta y en las sesiones siguientes, hasta que todos estén convencidos de su sinceridad. La veracidad es fácil de reconocer a través de las palabras utilizadas, el tono de voz, la postura corporal y lo que el agresor expresa a modo de disculpa. Es extremadamente raro que toda la familia y el terapeuta no estén de acuerdo sobre la sinceridad de la disculpa.

Cuando el padre se niega a disculparse, puede ser que haya un abogado diciéndole que niegue todo. Lo mejor es tratar de influir sobre el abogado para que reconozca la importancia de admitir la verdad, de modo que el delincuente no repita el crimen, pero estos intentos suelen fracasar. En estos casos se puede someter al agresor a la presión de toda la familia, pidiendo que cada uno hable sobre lo que vio, lo que supo o sospechaba, hasta que el padre no tenga más remedio que admitir sus actos.

Hay veces en que incluso esto último fracasa. No obstante la disculpa de rodillas es esencial para la terapia. Por lo tanto lo que el terapeuta puede hacer es decirle al padre que posiblemente la familia nunca llegue a saber lo que hizo en realidad, o si en verdad hizo aquello de lo cual se lo acusa. Sin embargo debe admitir que es responsable de tener tan mala comunicación con su hija o hijo como para que éste invente una historia de abuso sexual. Por lo tanto, aunque sólo sea por eso, tiene que arrodillarse frente al niño y disculparse por la mala relación y la escasa comunicación que ha tenido con ella. Aunque el padre se niegue a asumir la responsabilidad por el abuso sexual, el terapeuta tiene que encontrar una manera de hacer que el padre se disculpe de rodillas.

Al enseñar estos pasos, muchas veces me han preguntado por qué insisto tanto en la disculpa de rodillas. Esto es un símbolo universal de humillación, de humildad, de arrepentimiento y respeto. ¿Por qué no algún otro gesto? He buscado uno que, al menos en cierta medida, expresara el drama y la seriedad de la situación. También rebaja al padre en tamaño, colocándolo mejor en relación con el niño y el resto de la familia. Es desde esa posición que tendrá que volver a empezar e intentar reparar el daño que ha causado. No se me ocurrió ningún otro gesto que expresara todo esto y a la vez fuese legal y ético en el contexto de una sesión terapéutica.

Esta disculpa de rodillas es el primer paso para superar el crimen que ha cometido. Y fundamentalmente, resulta esencial para la salud mental de la víctima. Esta tiene que escucharle decir, en presencia de la familia, que ella no es culpable, que él asume toda la responsabilidad por el delito, que está arrepentido y que no volverá a lastimarla. El terapeuta también puede pedir al agresor que se disculpe de rodillas ante otros miembros de la familia como la madre, hermanos y hermanas o abuelos, quienes seguramente aman mucho a la criatura que él ha herido.

Durante la disculpa, el delincuente debe expresar que comprende el dolor espiritual que ha causado en su víctima. Esta no tiene obligación de responder en ninguna forma. Si debido a una orden legal hay que esperar para realizar una sesión de disculpa con la criatura, el padre puede escribirle una carta, someterla a la aprobación del terapeuta y enviarla. Más adelante, cuando el terapeuta disponga de la autorización, podrá realizarse la sesión de disculpa.

Además, el agresor debe expresar su arrepentimiento y pesar, no sólo a la víctima sino a algún familiar significativo que ame a la criatura y que hubiese querido protegerla. Este familiar puede ser la madre, los abuelos, la madrastra, tíos, tías, etc. La disculpa debe ser sincera, y no puede haber pedido de perdón. La terapia se basa en arrepentimiento y reparación, no en la obtención de perdón.

PASO 8: PEDIR A LA MADRE QUE SE DISCULPE

Tras la disculpa del padre, el terapeuta debe pedir a la madre que se arrodille frente a la víctima y le exprese su pesar y arrepentimiento por no haberla protegido del padre. Este paso es casi tan importante como la disculpa del padre por los motivos que se explican a continuación.

Cuando un niño es vejado sexualmente por un adulto, en especial por alguien tan significativo como un padre, se desarrolla un procedimiento seductor, casi hipnótico. Mediante una especie de lavado de cerebro, el padre hace que la víctima sienta que deseaba la relación sexual, que la provocó o fue culpable de alguna manera. Por esto, durante años o por el resto de su vida, la criatura puede creer que fue la responsable. Llevará consigo una culpa que minará su identidad e interferirá con su vida de un modo devastador. La sincera disculpa de la madre por no haberla protegido le indica que no tenía obligación de protegerse a sí misma, que los adultos deben proteger a los niños y que ella no tiene la culpa.

Existe otra razón por la cual es importante la disculpa de la madre. Cuando el abusador de un niño es el padre, por lo general teme mucho que alguien lo descubra. Por esto amenaza a la víctima y le hace jurar que guardará el secreto, amenazándola con cosas terribles que pueden ocurrirle, no sólo a ella sino también a la madre y a los otros niños.

Algunas veces la madre se niega a disculparse, diciendo que no habría podido proteger a la criatura de ninguna manera, que el padre disimuló demasiado la situación y que el pedido del terapeuta la ofende porque induce a pensar que, de alguna manera, ella estuvo implicada en el incesto. Pero el profesional debe insistir en que el deber de una madre siempre es proteger a su hijo, incluso cuando resulta muy difícil. Aunque no haya ninguna otra razón, la madre debe arrodillarse y pedir disculpas a la víctima por no haber tenido una comunicación lo bastante buena con ella. De otro modo le hubiese contado lo que estaba pasando.

Esto tiene mucha importancia porque es el primer paso en el proceso de restaurar la relación entre madre e hijo. Uno de los aspectos más tristes del incesto es que la madre puede verse apartada de la víctima. Debido a las amenazas del padre, la criatura tiene tanto miedo de divulgar el secreto que muchas veces se aleja de su madre por miedo a revelarlo en forma accidental. En estos casos, la madre nota que el niño se aparta de ella y piensa que no la quiere. Entonces responde poniendo distancia ella también. Muy pronto la criatura no sólo ha perdido al padre sino también a la madre.

Yo creo que se produce un mecanismo similar en las dificultades de aprendizaje que suelen verse en las víctimas de incesto. Cuando el niño está en la escuela, destina tanta energía mental a no revelar su secreto que no puede prestar atención a lo que se le enseña. Tiene que concentrarse en reprimir el secreto. Sólo cuando éste se divulga y el niño se convence de que no es culpable es que puede comenzar a recuperar su energía mental y su inteligencia.

Cuando hay abuelos, ellos también deberían hincarse frente a la víctima y disculparse por no haberla protegido, o al menos por no haber tenido una comunicación lo bastante buena como para haber podido acudir a ellos. Los hermanos también deben disculparse, no porque hubieran debido ayudar o proteger a la víctima sino porque necesitan expresar lo mucho que lamentan que le haya ocurrido algo así. Muchas veces los hermanos se sienten culpables y piensan que ellos se salvaron porque ella fue atacada, y el terapeuta debe permitirles manifestar su pesar y solidaridad con la hermana o hermano. Todo el círculo familiar de la víctima debe estar comprometido, reconociendo el hecho de que el ataque a la víctima fue una agresión a todo el sistema social.

PASO 9: ANALIZAR LAS CONSECUENCIAS DE POSIBLES FUTUROS DELITOS

Junto con los adultos de la familia, el terapeuta debe analizar cuáles serían las consecuencias de que el padre volviera a vejar a esta criatura o a otra. En esta conversación conviene incluir a abuelos, tíos, tías e incluso parientes indirectos o miembros de la comunidad. El objetivo es que el delincuente comprenda que aunque sólo exista la sospecha de que está implicado en algo similar, será expulsado de la familia y de la comunidad. La familia debe aplicar toda la presión posible sobre él. Los parientes pueden manifestar que si se repite el delito, ejercerán toda su influencia para asegurarse de que el padre sufra las máximas consecuencias legales, perdiendo su posición en la comunidad y en su trabajo. Cuando el padre ya está en la cárcel, pueden aclararle que en el futuro sólo le permitirán participar de la vida familiar si su conducta es intachable.

PASO 10: ENCONTRAR UN PROTECTOR

El terapeuta debe preguntar quién es la persona más responsable, confiada y afectuosa de la familia, de modo que esta persona pueda ser designada como protectora especial de la víctima. En un principio, es difícil que este papel pueda ser desempeñado por la madre. Ella suele ser demasiado débil como para proteger a la criatura. La terapia tiende a fortalecerla, pero en esta etapa pedirle algo semejante es presionarla demasiado y ser poco realista. Lo mejor es buscar un tío o una abuela que pueda proteger a la víctima. Por lo general se trata de encontrar a alguien que imponga respeto al padre, alguien capaz de decir: «¡Si vuelves a tocar a esa niña, te partiré la cabeza!»

Una vez que se ha identificado al protector, el terapeuta lo invita a una sesión y le explica que la criatura necesita a alguien especial que cuide de ella, que le brinde cierta orientación y consuelo. Es decir que el protector será como un padrino o madrina para ella. Deberá estar alerta para detectar cualquier indicio de que los abusos han vuelto a comenzar. El terapeuta explica que las señales son las mismas que pueden observarse en otros problemas infantiles: aspecto introvertido y triste, mal rendimiento en la escuela, dolores físicos, etc. Si estas señales aparecen, el protector debe comunicarse con el terapeuta de inmediato.

El terapeuta explica que el rol del protector es muy importante porque, según las investigaciones, los niños que han sido vejados tienden a ser agredidos una y otra vez, y en ocasiones ellos mismos se convierten en victimarios abusando de otros niños.

Yo tengo una teoría respecto de por qué ocurre esto, pero no cuento con datos que la prueben o la desestimen. Creo que debido al dolor espiritual asociado con el abuso sexual, la criatura se obsesiona con la mente del padre y alberga pensamientos como los siguientes: «¿En qué pensaba mientras abusaba de mí?» «¿Me amaba o me odiaba?» «¿Quería lastimarme?» «¿Cómo pudo hacerme algo así?» «¿Por qué?»

Como el niño o la niña no puede responder a estas preguntas, con el tiempo piensa: «Si le hago lo mismo a otra persona, entonces me pondré en su lugar y entenderé lo que él pensaba». O si no, "Si vuelvo a ser víctima de abusos por parte de otra persona, esta vez lo entenderé y sabré qué pensaba él".

Es muy importante disociar a la criatura de esta obsesión con la mente del agresor, lo cual es similar a la experiencia sufrida por ciertas víctimas de tortura, las que permanecen obsesionadas mucho tiempo con su torturador. Quisiera decirle a la víctima que es inútil pensar qué tenía en mente el agresor. Mientras cometía el abuso, sólo era estúpido y malvado. Esto no significa que siempre será estúpido y malvado, pero en ese momento lo era. No tenía sentimientos ni motivaciones; no pensaba en nada. Para poder expresar esto con convicción, me he inspirado en las ideas de Hanna Arendt sobre la banalidad del mal en su libro *Eichmann en Jerusalén.*

Creo firmemente que ciertas conductas sólo pueden catalogarse como maldades. No existe ninguna otra explicación para ellas. Es por eso que me resisto a dar cualquier otro diagnóstico para un abusador de niños. Decir que es esquizofrénico o alcohólico, por ejemplo, es insultar a todos los buenos esquizofrénicos y alcohólicos que jamás han dañado a nadie.

PASO 11: DECIDIR CUAL SERA LA REPARACION

La familia debe decidir qué puede hacer el padre por la víctima a modo de reparación. Lo mejor es elegir algo que implique cierto grado de sacrificio y que tome un período considerable de tiempo. El agresor debe prepararse para resarcir a la víctima, tal vez por el resto de su vida. Esto es necesario para que él pueda superar su dolor, y la criatura lo necesita para sanar.

Los abuelos, por ejemplo, pueden asegurarse de que el padre abra una cuenta especial a nombre de la víctima, donde cada mes depositará dinero para que pueda asistir a la universidad. Lo mejor es que la reparación esté vinculada a una causa valiosa, como por ejemplo la educación. Por supuesto que la familia debe procurar que el agresor trabaje para mantener a todos sus hijos, no sólo a la víctima, y para asegurar su bienestar.

PASO 12: CENTRARSE EN LA SEXUALIDAD

A medida que progresa la terapia, debemos centrarnos en ayudar al agresor a llevar una vida normal. Deben tomarse decisiones en lo que se refiere a cómo y con quiénes vivirá. Si estaba casado, ¿continuará con la madre o la madrastra de la víctima? Ya sea que se separen o no, tendrán que dedicarse varias sesiones a la relación de la pareja. Si van a permanecer juntos, hay que abordar el tema de su vida sexual y realizar varias sesiones de terapia sexual.

Cualquiera sea el destino del matrimonio, el terapeuta debe concentrarse específicamente en los inadecuados impulsos y fantasías sexuales del agresor. Esta es una terapia de represión. No estamos interesados en explorar las fantasías del hombre. Ya sabemos que son censurables. Explorarlas podría estimular su desarrollo. Tenemos que hacer lo opuesto y desalentar todo menos las fantasías sexuales más apropiadas.

El terapeuta puede explicar al padre que casi todas

las personas somos capaces de toda clase de placeres sexuales. No obstante, a una edad temprana, la mayoría de nosotros toma la decisión de nunca embarcarse en determinadas actividades sexuales. Y no sólo eso, sino que nunca tenemos esas fantasías.

El delincuente no llegó a esa decisión en la infancia, pero debe hacerlo ahora. Tiene que determinar que jamás volverá a ejercer conductas sexuales con niños, y que nunca se permitirá alimentar la fantasía de ningún acto sexual con una criatura. Los hombres normales, que jamás han vejado a un niño, pueden permitirse toda clase de fantasías sexuales. Pero una vez que un hombre ha cometido un crimen sexual, ya no podrá permitirse ninguna fantasía excepto las que entrañan relaciones sexuales normales con un adulto anuente.

Junto con el agresor, el terapeuta tiene que planificar lo que éste hará si experimenta un impulso sexual censurable. Primero debe abandonar el lugar, cualquiera que éste sea, de inmediato. Debe marcharse corriendo, no caminando. Entonces tiene que buscar un teléfono y comunicarse con el terapeuta (es importante que siempre haya alguno para llamar en caso de emergencia, ya que de este modo se puede convencer al agresor para que no cometa otro crimen). Si la relación es buena, puede acudir a su madre y contarle sus impulsos. También puede ir en busca de un amigo o ir a una iglesia y rezar. Todas estas alternativas tienen que ser analizadas, de modo que el agresor tenga una idea específica sobre qué puede hacer en lugar de abandonarse al impulso sexual. Debe quedar claro que no sólo nunca podrá volver a tocar a un niño, ni siquiera podrá mirarlo mucho tiempo seguido. Al masturbarse sólo podrá evocar imágenes de adultos, jamás de niños.

El terapeuta también debe discutir sobre sexualidad con la víctima, en sesiones individuales. Lo mejor, tanto en forma individual como cuando se está en presencia de la familia, es adoptar el enfoque de que, cualquiera sea el trauma, podrá ser superado y el niño será capaz de llevar una vida normal y feliz. Hay muchas maneras de acentuar la esperanza.

El terapeuta puede hablar sobre todas las cosas buenas que pasaban en la vida de la víctima, incluso mientras tenían lugar los abusos. Es posible que haya tenido buenos amigos, disfrutado un deporte o estudiado con gusto. También puede resaltarse que ahora el abuso parece muy importante, pero que al pasar los años ocurrirán cosas buenas y mucho más trascendentes. La niña o niño terminará la escuela secundaria e irá a la universidad, se enamorará y se casará, tal vez se convierta en doctor o abogado, tendrá hijos, etc. En el contexto de todas las cosas que pasarán en su vida, el abuso le parecerá cada vez menos importante.

El terapeuta también puede pedir al niño que calcule aproximadamente cuántas horas o minutos sumaron los momentos de abuso. Luego le preguntará cuál cree que es su expectativa de vida. Entonces si, por ejemplo, sufrió cinco horas de abuso y piensa vivir ochenta años, significa que sólo cinco de sus 700.800 horas de vida estuvieron afectadas por el abuso. Mediante estos razonamientos el terapeuta trata de impedir que la criatura se defina a sí misma como una víctima.

El terapeuta debe transmitir claramente a todos que lo sucedido sólo comprende una parte muy pequeña de la vida del niño, y que no afectará su autodeterminación. De otro modo, el pesimismo y los temores del propio terapeuta pueden convertirse en una profecía autocumplida, en cuyo caso la vida sexual de la víctima se vería afectada por muchos años. Cuando la niña o niño comprenda que no es culpable, que la familia no la acusa y que el delincuente está verdaderamente arrepentido, será capaz de tener buenas experiencias sexuales en el futuro. Es por esto que es tan importante la terapia familiar: mientras el niño guarde el secreto, se sentirá culpable; y mientras su inocencia no sea reivindicada por la familia, su sexualidad y sus relaciones se verán afectadas.

Cuando la familia no ha seguido estos pasos, la víctima puede volverse "promiscua" (lo cual en realidad significa que será convertida en víctima una y otra vez) o transformarse ella misma en agresora, en un intento por comprender lo ocurrido en su infancia. Hacia el final de la terapia, el profesional debe estar seguro de que la víctima piensa que, aunque lo que le ha pasado es malo, no afectará el resto de su vida ni limitará sus oportunidades.

PASO 13: ENCONTRAR UNA NUEVA METAFORA

El abuso sexual suele producirse junto con otras formas de violencia. El terapeuta debe inquirir sobre otros episodios violentos cometidos por el agresor, sobre la que le fue infligida en la infancia y sobre otras cuestiones similares en la familia. El objetivo de la terapia no sólo es detener el abuso sexual, sino también poner fin a la violencia.

El terapeuta debe hablar con el agresor y sus familiares para descubrir si él sufrió abusos sexuales durante su infancia. Esto de ninguna manera sirve para justificar sus actos: muchos niños que sufrieron abusos jamás abusaron de nadie. Sirve para descubrir el origen de la confusión entre amor y violencia, lo cual permite que el delincuente pueda amar a una persona y al mismo tiempo abusar de ella. Entonces el terapeuta podrá introducir la idea de que el agresor alberga a esa persona en su interior, a ese "extraño" que lo ha programado para la violencia.

La mayoría de los delincuentes consideran a la violencia como algo masculino, heroico, idealizado de alguna manera. Para combatir esta metáfora, es necesario encontrar otra que resulte totalmente despreciable para el agresor. Este debe comprender que la violencia fue implantada en él por la persona que más daño le hizo en su infancia, por aquel a quién más desprecia. Para que un criminal se transforme, la violencia tiene que asociarse a alguien significativo que le resulta hostil, de modo que pueda percibir que cuando se comporta en forma violenta no es más que una marioneta programada por alguien a quien odia.

Cuando el terapeuta comprende cómo y por quién ha sido programado el agresor, tendrá una metáfora para su violencia. Esta debe ser presentada en el momento de mayor impacto psicológico. Es necesario esperar una sesión donde exista una fuerte carga emocional en interacción con otra persona de la familia, y entonces reformular el sentido de la violencia en la vida del agresor. El delincuente debe hacer la conexión entre su propio violencia y la de alguien a quien odia en un momento muy emotivo, de modo que la reformulación se asocie con una persona importante para él y se grabe en su memoria. Huelga decir que el terapeuta tendrá que expresar esta reformulación varias veces durante el tratamiento, pero la primera vez debe causar un impacto.

PASO 14: PREVENIR UN SUICIDIO

Los delincuentes sexuales corren alto riesgo de suicidio, y la posibilidad de un intento en este sentido no puede pasarse por alto. El terapeuta debe brindar esperanza y mostrar optimismo sobre la posibilidad de que el agresor cambie, el niño sane y todos comiencen a llevar una vida mejor. Es muy importante que el profesional muestre respeto y afecto hacia el agresor, porque en ciertos casos éste ha perdido todas sus otras relaciones como resultado del delito. Conviene aplicar las técnicas de prevención de suicidios, tales como pactos y contacto diario con el terapeuta, supervisión por parte de los familiares, etc.

PASO 15: ENCONTRAR UN SENTIDO A LA VIDA

Sanar a la criatura y ofrecer reparación deben convertirse en los objetivos que brinden sentido a la vida del agresor. Esto también sirve para prevenir un suicidio. El debe comprender que es el único que puede contribuir a la curación, que la reparación es necesaria, y que en sus manos yace la decisión de determinar qué quiere hacer con el resto de su vida. Cuando alguien ha hecho algo horrible, cuando la vergüenza y el dolor son insoportables, debe haber un objetivo que trascienda a la persona y otorgue un sentido a su vida. De otro modo resulta imposible seguir viviendo.

PASO 16: GENERAR EMPATIA Y COMPASION

El terapeuta debe invitar a la madre biológica o espiritual del delincuente a que participe en la terapia. Ella es la persona que se brindó a él desinteresadamente y lo guió cuando era incapaz de valerse por sí mismo. Esta persona puede ser la madre, el padre o cualquier otra que haya ocupado ese lugar en la vida del agresor. En las sesiones, esta "madre" compartirá sus propios sufrimientos y dificultades, de modo de hacer surgir sentimientos de empatía y compasión en el agresor. Luego éstos podrán ser transferidos a otras personas en su vida. Cuando el delincuente sea capaz de experimentar empatía hacia un ser humano, el terapeuta podrá orientarlo para que traslade ese sentimiento hacia sus otros seres queridos. Gradualmente, esta nueva compasión podrá incluir a muchas personas, en particular a los niños, porque ellos necesitan amor y comprensión con tanta desesperación como los necesitó el agresor durante su infancia. De este modo, el terapeuta estará trabajando para prevenir futuros actos violentos.

Otra técnica, ideada por Jim Keim, es mantener varias sesiones en las que se le pide al delincuente que explique cómo se sienten otros miembros de la familia. Por ejemplo, puede expresar cómo piensa que se siente su esposa respecto del abuso o de otros problemas. Luego ella podrá confirmar si eso es lo que en realidad experimenta o no. Lo mismo podrá hacerse con cada miembro de la familia hasta que todos comprendan y vivencien la situación de los demás.

Es mejor no incluir a los niños pequeños en esta experiencia. Ellos pueden observar los esfuerzos de los adultos por comprenderse unos a otros, pero no deberían ser inducidos a tratar de comprender las emociones de los adultos ni a confirmar lo que éstos piensan de sus propios sentimientos.

PASO 17: LA LUCHA CONTRA LA SOLEDAD

Los padres que abusan sexualmente de sus hijos suelen ser excluidos por la sociedad. El terapeuta debe intervenir para reorganizar la red social del agresor, incluir a los familiares que ejercen una buena influencia, señalar a los que no lo son e infundirle esperanza respecto a que en el futuro su soledad tendrá fin.

PASO 18: RESTABLECIMIENTO DEL AMOR

Antes de finalizar la terapia, debemos tratar de restablecer algo de amor en la vida del agresor, ya sea de su esposa, su madre o sus hermanos. En el caso de la madre puede ser necesario inducirla a recordar la época en que el delincuente era un niño, lo mucho que lo amaba entonces y los sacrificios que hizo. Debemos subrayar que su tarea no ha terminado, y que él todavía necesita su ayuda. Si la esposa lo ha abandonado, tenemos que alentar al agresor en la esperanza de que, algún día, logrará ganarse el amor de otra mujer.

Por lo general hay dos tipos de esposas en esta situación: las que se vuelven contra el delincuente (mencionadas anteriormente) y las que se vuelven contra la víctima. En este último caso, ella prefiere excluir al niño de la familia antes que perder al padre. Nuestra tarea debe ser restaurar el amor de la madre por la criatura y mantener a ésta en la familia. El terapeuta puede regresarla a la época en que estuvo embarazada y tuvo su bebé, con la esperanza de encontrar algún rastro del amor que alguna vez debe haber tenido por él. Además se puede proyectar a la madre hacia el futuro, pidiéndole que piense en todo el amor y la ayuda que su hijo o hija podrá brindarle de adulto. Algunas veces, el rechazo materno se debe a un apremio económico: el miedo de perder al padre como sostén de la familia. Por eso es necesario esforzarse todo lo posible para asegurar que el padre continuará brindando su apoyo financiero, independientemente del lugar donde éste viva.

PASO 19:
RESTITUIR AL AGRESOR COMO PROTECTOR

Antes de finalizar la terapia, el terapeuta debe restituir al padre en su rol protector de la familia, la función que siempre debió haber tenido.

El terapeuta puede subrayar ante la familia el hecho de que el padre siempre proporcionará apoyo financiero a los niños. Se lo puede alentar para que hable con los niños en las sesiones y les brinde consejos sobre cómo evitar las drogas, cómo distinguir a los buenos amigos, etc. El padre nunca volverá a ser guardián primario o exclusivo de los niños, pero tiene que generar alguna clase de relación protectora con ellos.

PASO 20: APRENDER A PERDONARSE

Muchos delincuentes sufren por pensamientos e imágenes del abuso, son acosados por el recuerdo de lo que han hecho y por el temor de volver a hacerlo. La idea de lo que hicieron nunca los abandona, y no pueden perdonarse.

El terapeuta debe decir que es importante recordar el pasado para no repetirlo. El agresor no tiene que olvidar lo que hizo, pero el recuerdo no debería ser un obstáculo cuando su mente necesita ocuparse en otros pensamientos. Por eso preguntamos al padre con cuánta frecuencia cree que es necesario para él acordarse de lo que hizo. Luego el terapeuta acepta su respuesta, ya sea una vez al día, cada dos días o una vez por semana, y le indica que si estos pensamientos se presentan con más frecuencia, se dedique de inmediato a una buena obra, preferentemente anónima de modo que no reciba ningún reconocimiento por ella. El terapeuta lo ayuda a identificar qué puede hacer, ofreciéndole alternativas como hacer una donación al Hospital de Niños, trabajar por los ancianos de la comunidad o alimentar a una persona desamparada. La idea es que, o bien el agresor tendrá menos pensamientos inquietantes o hará tantas buenas obras que comenzará a sentirse mejor consigo mismo.

PRINCIPIOS BASICOS
Y CIRCUNSTANCIAS ESPECIALES

Uno de los principios básicos de nuestra terapia es que no existan más secretos en la familia, y que la idea de que la víctima es responsable por provocar al delincuente resulta inaceptable.

Otra es que el terapeuta debe llevar a cabo la mayor cantidad de pasos posibles considerando las circunstancias específicas de la familia. Pero existen ciertos pasos que no deben ser salteados por ningún motivo. Ellos son el reconocimiento del dolor espiritual, la disculpa de rodillas y la reparación. Aunque el agresor esté preso, se pueden cumplir estos pasos en una visita familiar a la cárcel con la familia. Si el juez no permite una sesión de disculpa con la víctima, el terapeuta puede hacer que el agresor se arrodille frente a la madre de la criatura o ante sus propios padres. Lo mismo vale para la reparación, que siempre puede planearse en beneficio de la víctima para más adelante, cuando hayan expirado las órdenes del juez.

Los mismos pasos pueden cumplirse en casos en los que la agresión se produjo mucho tiempo atrás, pero es descubierta cuando la víctima ya es adulta. Algunas personas consultan a un terapeuta y es entonces cuando hablan por primera vez sobre los abusos sufridos en su infancia. El terapeuta debe reunir a la mayor cantidad posible de familiares y llevar a cabo los pasos indicados. Si el agresor ha muerto, no es recomendable que otra persona tome su lugar en una dramatización. El tema del abuso sexual es demasiado serio y angustioso como para someterlo a este tipo de técnicas. Pero los otros familiares pueden disculparse con la víctima por no haberla protegido del abuso, incluso aunque éste se haya producido veinte años atrás.

Si el agresor ha atacado a una niña o niño que no pertenece a la familia, deben seguirse los mismos pasos. La única excepción es que en estos casos suele ser imposible obtener un permiso del juzgado para realizar una sesión de disculpa con la víctima. De ser así, el delincuente podrá disculparse con su propia familia por lo que hizo, y luego escribir una carta de disculpa que entregará al terapeuta y será despachada años después, cuando la víctima sea adulta. También puede cumplirse con un resarcimiento simbólico, contribuyendo con una institución como una escuela u hospital. Si el terapeuta trabaja con una víctima y su familia, y el agresor es alguien que no pertenece a la familia, suele resultar imposible recibir la disculpa del criminal. Pero los familiares de la víctima pueden disculparse ante ella por no haberla protegido del abusador.

La terapia de grupo con delincuentes suele ser útil para contribuir a generar aptitudes sociales y empatía, pero no debería reemplazar a la terapia familiar. Estos pasos deben ser cumplidos en relación con la familia y la víctima, no con extraños. Los mismos pasos pueden emplearse cuando existió una agresión física grave, aunque no haya habido crimen sexual, y cuando el agresor es un tío, un abuelo u otro pariente.

CAPÍTULO 6

El delincuente sexual juvenil

Cloé Madanes
con Dinah Smelser y James P. Keim

En el Instituto de Terapia familiar, hemos tratado a gran cantidad de delincuentes sexuales adolescentes como parte de un convenio especial con el condado Montgomery, Maryland. Yo desarrollé el método de terapia descripto en el capítulo anterior en relación a estos casos, y luego lo adapté a situaciones en las que el agresor es un adulto. Nuestro objetivo para el proyecto especial con agresores adolescentes se proponía prevenir la reincidencia sin confinar a los menores en una institución.

Durante los primeros cuatro años del convenio, de 1986 a 1990, cuando un caso recibió sentencia en el juzgado, el agresor fue sometido a un equipo de diagnóstico independiente que debía decidir si el joven sería

Agradecemos a Herb Goldstein, Ph.D., del Departamento de Servicios Juveniles, Estado de Maryland, por dirigir el estudio de resultados sobre los delincuentes sexuales juveniles; a Raed Mohsen, Ph.D.; y a Angie Steingreb, candidata a Ph.D., por seguir los casos de agresores cuando entraban en la edad adulta. Queremos agradecer a Joseph Poirier, Ph.D., de la Unidad de Diagnóstico del Juzgado del condado Montgomery, Maryland, por su colaboración y consejo.

confinado en una institución o tratado en una terapia como externo. Si la decisión era esta última, la familia debía acudir a nosotros. Aparte del hecho de que el equipo de diagnóstico no favorecía el confinamiento por razones ideológicas, los profesionales pronto descubrieron que los costes eran prohibitivos y que resultaba extremadamente difícil encontrar una institución que aceptase un delincuente sexual juvenil. Los que se especializaban en delincuentes sexuales no querían admitirlos si presentaban otros problemas, como por ejemplo otras formas de delincuencia, drogadicción o enfermedades físicas, lo cual era el caso con muchos de estos muchachos. Las instituciones especializadas en niños y adolescentes no querían aceptar delincuentes sexuales porque presentaban una amenaza para los otros niños. Por lo tanto, desde el inicio del proyecto, nos encontramos tratando agresores que habían sido sentenciados a permanecer en una institución, pero que no podían ser ubicados. Pronto el condado se quedó sin dinero para pagar las internaciones y luego ni siquiera lo tuvo para el equipo de diagnóstico, que en consecuencia fue disuelto.

LA POBLACION

De los primeros 81 delincuentes sexuales juveniles que ingresaron a terapia entre enero de 1987 y noviembre de 1992, seis habían sido sentenciados a permanecer en una institución, pero no habían podido ser ubicados debido a la falta de fondos. Treinta y ocho de estos muchachos eran considerados por el equipo de diagnóstico como «inadaptados explotadores de niños» o «sexualmente agresivos», las cuales son categorías severas según la Escala de clasificación de delincuentes sexuales juveniles de O'Brien (1985).

Los ochenta y uno eran varones, y sus edades variaban entre siete y veinte años. (Había uno de siete y uno de veinte.) Un cuarenta por ciento tenía entre doce y quince años, y un cuarenta y cuatro entre dieciséis y dieciocho. La composición racial era un 47 por ciento blanca, un 30 por ciento negra, un 20 por ciento hispánica y un 3 por ciento asiático norteamericana.

La mayor parte de los delincuentes (un 90 por ciento) vivían en la casa de al menos uno de sus padre biológicos en el momento del crimen. 57 por ciento vivían con dos padres (incluyendo un padrastro o madrastra).

Casi un 50 por ciento de los agresores tenían dificultades de aprendizaje, un 26 por ciento sufría serios problemas de salud y un 13 por ciento tenía desórdenes de lenguaje. Un 25 por ciento había mostrado conductas destructivas o alto grado de inasistencia en la escuela.

A diferencia de lo que podía esperarse, sólo un 12 por ciento habían sido seriamente descuidados en la primera infancia. Menos de un 20 por ciento no tenían ningún contacto con sus padres biológicos. Casi un 20 por ciento habían asistido a terapia antes del delito sexual y de ser enviados a nuestro instituto.

El abuso de substancias tóxicas era considerado un problema para un 33 por ciento de los delincuentes juveniles. Un 23 por ciento había cometido otros actos criminales antes de los delitos sexuales.

Casi un 40 por ciento de los menores relató haber sido sometidos a abusos sexuales antes de cometer sus delitos, pero sospechamos que una proporción mayor aún de ellos habían tenido alguna especie de iniciación sexual prematura. En la mayoría de los casos (53 por ciento de las veces) el abusador había sido un varón que no pertenecía a la familia. Los hermanos mayores perpetraron los abusos en un 19 por ciento de los casos, el padre en otro 19 por ciento y el padrastro en un 8 por ciento.

En esta muestra, un 20 por ciento de los delincuentes juveniles sufrió maltratos físicos que fueron denunciados o divulgados. En un 57 por ciento de los casos los castigos provinieron del padre biológico, en un 14 por ciento de la madre y en un 14 por ciento de la madrastra.

Un 16 por ciento de los agresores habían amenazado con suicidarse o lo habían intentado. En más de un 30 por ciento de las familias se sabía que había otros casos de abuso sexual. Había existido violencia entre varios miembros de la familia en un 39 por ciento de los casos, y en un 23 por ciento entre los padres. El abuso de sustancias tóxicas era un problema en un 33 por ciento de las familias.

Un 45 por ciento de las familias vivían en la pobreza, habían empobrecido en los últimos años o sufrían por el desempleo. Un 33 por ciento de las familias afirmaban ser muy religiosas.

Para resumir, un porcentaje relativamente alto de los ochenta y un delincuentes sexuales juveniles habían estado sometidos a abusos sexuales y/o maltratos físicos, y mostraban problemas de conducta (dificultades en la escuela, consumo de sustancias tóxicas y delitos anteriores). Un gran porcentaje vivía en la pobreza, tenía dificultades de aprendizaje y sufría problemas de salud.

LOS CRIMENES

Un sesenta por ciento de los agresores fueron detenidos por crímenes contra una víctima, un 21 por ciento contra dos víctimas y un 19 por ciento contra tres o más víctimas. Las conductas más comunes eran tratamientos (43 por ciento) y penetración vaginal (30 por ciento). La estimulación oral ocurrió en el 23 por ciento de los casos, y la penetración anal en el 20 por ciento. Los delincuentes con tres o más víctimas tendían a elegir víctimas de ambos sexos en mayor proporción que los criminales menos crónicos.

Casi todas las víctimas eran menores de doce años en el momento del delito. Los principales grupos de víctimas según la edad eran de tres a cinco años (21 por ciento), de cinco a siete (21 por ciento) y de diez a doce (20 por ciento), con una gama total de edad que variaba entre menos de tres y diecisiete (sólo un 3 por ciento de las víctimas eran adultos).

En un 40 por ciento de los casos, la víctima era un niño conocido del delincuente pero sin relación de parentesco. Un 33 por ciento eran criaturas que tenían un vínculo sanguíneo con el agresor (en su mayoría hermanos menores y en menor medida primos).

LA TERAPIA

El método de terapia consistió en los mismos pasos descriptos en el capítulo anterior para delincuentes adultos. Los primeros siete pasos son iguales. El terapeuta reúne a la familia para una primera sesión, y habla con cada uno sobre lo que saben del delito sexual. Entonces pregunta al agresor por qué estuvo mal lo que hizo, y analiza el dolor espiritual que infligió a la víctima y su familia. El agresor se pone de rodillas ante la víctima y expresa su pesar y arrepentimiento.

El Paso 8 difiere en que, en lugar de pedirle sólo a la madre que se disculpe de rodillas frente a la víctima por no haberla protegido, el terapeuta pide a ambos padres y a los hermanos que lo hagan. Esto suele hacerse solicitando a toda la familia que se arrodille frente a la víctima, y que cada persona a su turno diga unas pocas palabras sobre su pesar por no haber impedido el abuso. Siempre que sea posible, el terapeuta invita a los abuelos a disculparse también, aunque sólo sea por no haber tenido mejor comunicación con la víctima como para que ésta les contase lo que estaba pasando.

En el Paso 9, los padres analizan cuáles serían las futuras consecuencias si el agresor cometiese otro crimen sexual, y el terapeuta los alienta a mostrarse lo más duros posible. El delincuente será expulsado de la familia, confinado a una institución o enviado a vivir con otros parientes. Un nuevo crimen, o tan sólo la sospecha de cualquier fechoría sexual, no puede volver a ocurrir. Cuando está presente uno solo de los padres, éste puede decidir por su cuenta o analizar las futuras consecuencias con otros familiares.

En el Paso 10, se identifica un protector para la víctima y se actúa como cuando el agresor es el padre. El Paso 11, la reparación, también debe tener lugar. Los padres deciden algo que signifique un sacrificio y un lapso considerable para el joven, y éste lo cumple a modo de reparación con la víctima. El delincuente puede trabajar y depositar cierta suma mensual a nombre de la víctima, para ser utilizada en su futura educación; o puede renunciar a alguna posesión muy apreciada y donarla a una institución de caridad.

En el Paso 12, la conversación sobre sexualidad, es mejor tener una sesión con el padre (o la figura paterna) y el joven, y pedirle al primero que explique la sexualidad masculina al muchacho. Por lo general el padre también tiene problemas sexuales, y al tener que hablar del tema con su hijo suele aclarar sus propias dificultades. El terapeuta estimula la represión y pide al delincuente que siga ciertas pautas cuando se ve invadido por impulsos censurables, al igual que se hace con los agresores adultos.

No obstante, existe una dificultad especial con los delincuentes juveniles, porque el terapeuta no puede alentar ninguna clase de actividad sexual con otros ya que la ley considera criminal las relaciones de este tipo con un menor. Recomendar la masturbación también puede constituir un problema porque muchas de estas familias son muy religiosas y se oponen a ella. Por lo tanto el terapeuta termina recomendando que el adolescente se dé largas duchas y se lave con sumo cuidado ciertas partes, en la esperanza de que comprenda la insinuación y haga lo que pueda cuando está a solas en el baño.

Con la víctima, el terapeuta adopta la perspectiva de que, por más horrible y traumático que haya sido, lo que pasó no será el suceso más importante de su vida, que no la ha transformado en una clase diferente de persona: una víctima. El terapeuta se esfuerza todo lo posible para subrayar las otras cosas, mucho más importantes, que le ocurrirán en el futuro. El énfasis está puesto en que la criatura no ha hecho nada para provocar lo que pasó, y que no es culpable de nada. Es igual a ser golpeado por un camión cuando uno anda por la acera.

Con los delincuentes juveniles, en el Paso 13, la metáfora a descubrir puede ser sólo sobre abuso sexual y no sobre violencia física, ya que algunos de los jóvenes no son físicamente violentos. El terapeuta debe explicar que el abuso sexual también es violento, aunque no implique ningún daño físico.

El Paso 14, la restitución del amor materno (o paterno) es importante. Algunos padres rechazan al agresor y otros a la víctima. Para el terapeuta, resulta particularmente doloroso trabajar en situaciones donde los padres rechazan a la víctima. En ambos casos es necesario hacer todos los esfuerzos posibles para restituir el amor de los padres. Cuando éstos rechazan a la víctima, el terapeuta debe subrayar que ella no es culpable y explicar la seducción y la coerción implicadas en un abuso sexual. Los padres tienen que comprender que ellos generaron una distancia con el niño, no porque éste haya cometido alguna falta sino precisamente porque estaba asustado y lastimado. El terapeuta debe hacerles recordar cuánto amaron a esa criatura en el pasado.

Cuando los padres rechazan al delincuente, el terapeuta trata de resaltar todas sus cualidades, e indica que el abuso no es más que un aspecto de su conducta, que no persistirá. Los padres también deben recordar que hubo una época en que su hijo era adorable, de modo de recuperar el amor que alguna vez le tuvieron.

Antes de terminar la terapia, el agresor debe recobrar su lugar de hermano mayor en la familia. Nunca volverán a confiarle el cuidado de los niños, pero el terapeuta podrá indicarle que aconseje a sus hermanos sobre cómo evitar la violencia y las drogas, cómo distinguir a los buenos amigos, etc. El delincuente juvenil también debe aprender a perdonarse y a generar empatía y compasión.

Cuando la víctima no pertenece a la familia, lo mejor es hacer todo lo posible para obtener la autorización que permita mantener una sesión de disculpa con ella y su familia. El agresor debe disculparse de rodillas ante todos. Esto es particularmente importante en el caso de los delincuentes juveniles porque por lo general la víctima suele ser una vecina, un niño que asiste a su misma escuela o un miembro de la misma iglesia, por lo que es muy probable que continúen viéndose en el futuro. Por este motivo es necesaria una disculpa pública para que la víctima no se sienta asustada y avergonzada en presencia del agresor.

Cuando no es posible presentar la disculpa en persona, debe hacerse bajo la forma de una carta. También hay que hacer algo a modo de reparación, en forma directa a la víctima o simbólicamente mediante la donación de dinero, tiempo o trabajo a una organización de caridad.

Los aspectos esenciales del método procuran asegurar que el delincuente juvenil asuma toda la responsabilidad por su crimen, que comprenda el dolor espiritual que ha infligido, que se arrepienta sinceramente, que se disculpe en público y que ofrezca algo a modo de reparación.

Aparte de las sesiones familiares e individuales, todos los delincuentes juveniles participaron en una terapia de grupo, la cual es particularmente útil en varios sentidos. El grupo ejerce presión para que cada integrante asuma la responsabilidad por su crimen, y de este modo se desalienta el silencio y la negación. En esta terapia, buena parte del objetivo está puesto en desarrollar las aptitudes sociales, lo cual es muy necesario ya que por lo general estos jóvenes son huraños, tanto con los adultos como con sus pares. Es decir, el grupo procura ayudarlos a comportarse de modo que sean queridos y apreciados, en lugar de ser rechazados y temidos. Generar empatía y compasión también es un objetivo importante de la terapia grupal.

En el grupo, los muchachos conversan sobre sexualidad. Juntos ven películas populares sobre abuso, violencia y problemas sociales, las cuales luego se convierten en tema de debate. La no violencia como fuente de poder es un tema importante. En ocasiones los terapeutas llevan al grupo a tiendas, parques y otros lugares públicos para analizar las conductas sociales apropiadas. Se conversa mucho sobre la relación que cada uno tiene con su madre, sobre sus preocupaciones y sobre la frustración que sienten por no poder ayudarlas tanto como hubiesen querido.

EL RESULTADO

En setenta y dos de los setenta y cinco casos cerrados para el 1 de noviembre de 1992, pudimos obtener información sobre lo que ocurrió con cada caso por un período de dos años después de terminada la terapia. En este grupo sólo se produjeron tres reincidencias, lo cual significa que la proporción de no reincidencia fue del 96 por ciento.

Cincuenta y nueve de los jóvenes habían sido enviados a nosotros por el Departamento de Servicios Juveniles, y ellos siguieron estos casos durante un mínimo de dos años después de finalizada la terapia; de estos jóvenes, sólo hubo dos que reincidieron en el crimen. Los otros trece menores fueron seguidos a través de contactos con el Departamento de Servicios Sociales y de informaciones obtenidas a través de las familias. Sesenta y dos de los agresores ya eran adultos para finales de 1994, y se obtuvieron datos sobre ellos a través de los registros del juzgado. Sólo uno había reincidido, y la acusación era de exhibición obscena. Veintitrés de los menores ingresaron a terapia entre 1987 y 1988, y treinta y tres la empezaron entre 1989 y 1990. Por lo tanto, un total de cincuenta y seis de los menores fueron controlados por terapeutas durante al menos cinco años.

En el 39 por ciento de los casos, la duración de la terapia fue de un año o menos. Las sesiones se mantuvieron una vez por semana en los primeros meses, y luego se fueron espaciando hasta llegar a una vez por mes. Se puso gran empeño en continuar con algún contacto terapéutico durante el mayor tiempo posible para prevenir cualquier reincidencia.

Los datos de reincidencia no sólo se basaron en registros del juzgado sino también en informes de los mismos agresores, de sus padres o tutores, de servicios de protección al menor y de autoridades policiales. Los datos sobre el tratamiento de cada joven fueron obtenidos a través de archivos y de comunicación directa con los terapeutas.

Veintitrés menores reincidieron en alguna forma criminal distinta del abuso sexual. De ellos, un 65 por ciento de los delitos fueron robo o ataque a la propiedad privada. Los otros reincidentes fueron acusados de asalto o posesión ilegal de armas. Sólo hubo un caso cuyo delito estuvo asociado con las drogas. No se presentaron intentos de suicidio después de iniciada la terapia. Sólo una de las veintitrés víctimas que eran menores con parentesco sanguíneo no pudo ser reincorporada al núcleo familiar. Ninguna de estas criaturas que fueron víctimas se convirtieron en delincuentes sexuales ellas mismas.

Estos resultados son particularmente interesantes si consideramos el hecho de que más de la mitad de los agresores sufrían de pobreza, violencia familiar, abuso de sustancias tóxicas ellos mismos u otros miembros de la familia, dificultades de aprendizaje y serios problemas de salud. Además, los resultados son interesantes considerando que durante la evaluación inicial, un 73 por ciento de los delincuentes se negaba a asumir la responsabilidad por sus crímenes, y un 83 por ciento no mostraba ningún rastro de arrepentimiento por ellos.

◆ ◆ ◆

Los siguientes son algunos ejemplos de terapias realizadas por Dinah Smelser, responsable por el tratamiento de cuarenta hombres jóvenes. Estos casos requirieron un esfuerzo y una consideración especiales por parte de la terapeuta. Los pasos fueron cumplidos en todos los casos, pero lo que se subrayará aquí son las excepciones a los pasos y las circunstancias especiales de cada tratamiento.

LA CONGREGACION

Paul, un pastor protestante, y su esposa Mary, habían sido padres adoptivos desde hacía muchos años. A pesar de que querían tener sus propios hijos Mary no podía quedar embarazada, por lo que al fin habían adoptado a Bill cuando éste tenía tres años. Su madre era drogadicta y prostituta, y el niño había sido retirado de su lado a los dieciocho meses. Luego Bill vivió con una madre adoptiva a la cual se había apegado mucho y a quien todavía recordaba a los diecisiete años. Cuando tenía aproximadamente tres años y medio, fue adoptado por el pastor y su esposa. En esa época caducaron todos los derechos legales de su madre biológica. Dos años después, Paul y Mary tuvieron una hija.

Cuando Bill tenía catorce años, un primo de la familia de Mary, un niño de cuatro años, reveló a su madre que desde hacía casi un año sufría abusos sexuales por parte de Bill. Esto se había producido durante las vacaciones familiares, cuando el pequeño visitaba a Paul y a Mary y se quedaba con ellos una o dos semanas. El abuso consistía en actos sexuales orales y anales que Bill realizaba al niño.

Paul y Mary quedaron atónitos. Nunca habían imaginado que Bill fuese capaz de algo semejante. Consultaron con un profesional y Bill asistió a terapia durante un año, pero no hubo terapia familiar. Durante este período, Paul estaba preocupado porque el muchacho parecía perturbado y retraído. Finalmente una noche, entró en su habitación y le dijo: "Sé que has estado haciendo eso a otro niño».

En realidad no lo sabía, pero tenía la sensación de

que había más secretos. Entonces Bill le confesó que también había vejado al hijo de los mejores amigos de Paul y Mary, otro niño de cuatro años, a quienes la familia visitaba con frecuencia. Esta gente formaba parte de la congregación asistida por el pastor y su esposa. Bill dijo que había dejado de cometer los abusos cuando se había descubierto el primero.

Con esta revelación, Paul comprendió que tenía que volver a llamar a la policía. Después del primer caso de abuso, el juzgado le había permitido buscar asesoramiento privado para Bill, por lo que el asunto se había mantenido en secreto dentro de la familia. Ahora había que notificar a los padres de este niño. Ellos insistieron en que la situación fuese revelada a toda la congregación, lo cual fue hecho de inmediato.

Cuando el juzgado nos envió a Bill y a su familia, nuestra terapeuta, Dinah, no sólo tuvo que tratar con dos pequeños que habían sufrido abusos, sino también con el hecho de que toda la congregación estaba enfurecida porque nadie les había comunicado el primer caso, ocurrido un año antes.

Bill tiene gran talento como músico y solía tocar el órgano y el piano en la iglesia. Había trabajado en la escuela dominical, y la congregación pensaba que podía haber abusado de otros niños. Estaban furiosos con el pastor y su esposa por no alertarlos después de descubrir el primer abuso. Paul y Mary no lo habían hecho porque consideraban que Bill estaba bajo estricta supervisión, y no creían que abusara de otro niño.

Por lo tanto en este caso, la terapeuta tuvo que planificar disculpas no sólo ante las dos víctimas y sus familias, sino ante toda la congregación. Tres meses después de iniciada la terapia con Dinah, se convocó a una reunión con todos los fieles. Esto era un proceso corriente porque la gente creía que debía existir un foro abierto a todos para expresar sus preocupaciones. Si la reunión no se manejaba en forma correcta, lo más probable era que el pastor perdiese su posición como tal.

Para la época en que fue convocada esta reunión, Bill y sus padres ya se habían disculpado ante la familia del primo por el primer abuso. Bill tenía grandes remordimientos, lo cual es muy común entre los agresores sexuales, en particular cuando son menores, en cuanto comprenden el dolor espiritual que han causado a sus víctimas. Dijo que no había confesado el segundo abuso por miedo a que sus padres se derrumbasen. De hecho, Mary había estado a punto de sucumbir tanto física como emocionalmente al descubrirse el primer abuso, y como consecuencia de lo ocurrido su familia había roto con ella.

La ruptura entre Mary y su familia ya llevaba un año para cuando comenzó la terapia familiar con Dinah. Por eso Bill había pensado que su madre perdería completamente la razón si se enteraba de otro abuso. Dijo que era por eso que había guardado el secreto, y que había dejado de vejar al segundo niño en cuanto se descubrió el primer abuso. No obstante, la familia de la segunda víctima no le creyó y pensaba que la situación había continuado hasta el momento en que Bill le confesara todo a su padre. El muchacho estaba muy arrepentido y se disculpó sinceramente ante sus padres y su pequeña hermana por el dolor que les había causado.

Cuando la terapia comenzaba a centrarse en el paso de la reparación, el padre le contó a Dinah acerca de la asamblea de la congregación en la que se planeaba expulsarlo. El había pedido una licencia de seis semanas porque todos estaban tan furiosos que no podía cumplir con su trabajo pastoral. Otro ministro había venido a ocupar su sitio.

Al discutir la asamblea de la congregación en la terapia, los padres dijeron que estarían presentes para responder a los fieles. Bill insistió en ir con ellos y disculparse públicamente ante todos por el dolor que les había causado.

La asamblea de la congregación se prolongó durante tres horas, y todos los que quisieron expresar sus preocupaciones pudieron hacerlo. Bill y sus padres escucharon. El padre de la segunda víctima estaba presente, y al final de la reunión se levantó para acusar directamente a Bill de no estar arrepentido, de no lamentar lo que había hecho. Dinah no había podido concertar una sesión de disculpa con la familia de esta víctima porque el juzgado se lo había impedido. Por lo tanto el padre del niño nunca había escuchado lo que Bill tenía que decir.

Dinah había preparado a Bill, ayudándolo a expresar lo que quería decir. El lo había puesto por escrito. Esta era una situación muy emotiva para él, y quería ser muy cuidadoso con su forma de expresarse.

Bill se puso al frente de cien personas y volcó lo que había en su corazón mirando directamente al padre de la víctima. Expresó su pesar por todo el dolor que había causado al niño y a la familia, y su pena ante la congregación que siempre lo había amado y aceptado. Las palabras de Bill fueron profundamente conmovedoras para la mayoría de los presentes, pero se decidió que hasta que no hubiese un voto de confianza, el ministro no podría continuar al frente de la congregación. Ese voto de confianza demoró un año en llegar, el tiempo que necesitó la congregación para sanar sus heridas, aunque Paul había sido ministro de la iglesia durante quince años. Hasta que el padre no fue aceptado de vuelta como ministro, Bill no regresó a la iglesia.

Después de dos años de terapia, Dinah obtuvo un permiso del juzgado para tener una sesión de disculpa con la segunda víctima y su familia. Estos sólo aceptaron escuchar a Bill después de que el joven escribiera varias cartas al niño y a sus padres, expresando su re-mordimiento. Ni el padre ni la madre quisieron aceptar ningún gesto de reparación de su parte, por lo que Bill decidió trabajar los sábados en una compañía de ordenadores, y donar el dinero ganado a una institución de ayuda a la infancia.

NO PASO NADA

Un problema especial de la terapia es cuando el agresor y la familia niegan que haya ocurrido el abuso, incluso después de que el caso ha recibido el fallo del juzgado. Este fue el problema que Dinah enfrentó con Louis y su madre.

Cuando nos enviaron el caso, éste ya había recibido fallo del juzgado y el acusado se había declarado «implicado». Los menores no se declaran culpables sino «implicados», y el juzgado emite alguna declaración sobre la veracidad o no de los cargos.

Louis tenía quince años cuando, supuestamente, maltrató sexualmente a cinco niños en su piso durante un período de seis meses. Existían testigos que habían presenciado los hechos, incluyendo a las víctimas que tenían entre cinco y ocho años. Los niños no se presentaron en el juzgado porque cuando llegó el momento de la audiencia, Louis se declaró implicado. Es decir, afirmó haber cometido los actos sexuales.

No obstante, para cuando llegó a terapia acompañado por su madre, Ella, y su abuela, negaba haber hecho algo alguna vez. Por lo tanto en el primer paso, cuando Dinah pidió un relato del delito sexual, Louis respondió que no había pasado nada, y tanto su madre como su abuela dijeron lo mismo. Pero Dinah tenía un grueso informe policial que detallaba todos los hechos.

El hermano mayor de Louis estaba preso, cumpliendo una larga sentencia por ataque sexual y consumo de drogas. Ella y la abuela le hablaron a Dinah sobre lo buen muchacho que era Louis, y Dinah comprendió que habían puesto todas sus esperanzas en ese segundo hijo. El sería la primera persona de la familia que terminaría la escuela secundaria. Louis era el hijo que las sacaría de la pobreza. Dinah pudo percibir la tremenda presión que sufría Louis. El *no podía* defraudar a su madre. Louis y Ella tenían una relación muy estrecha, probablemente exacerbada por el hecho de que Louis tenía problemas de aprendizaje y era algo lento, de escasa inteligencia.

Por lo tanto, al enfrentarse a los hechos tal como se los detallaba en el informe policial, y a la subsiguiente negación de la familia, Dinah comenzó a hablar sobre ciertos sucesos que aparecían en el informe. Señaló que cierto niño había dicho que había tenido lugar un acto sexual, y que un testigo había ratificado sus palabras. Pero ante cada afirmación del informe, Louis respondía: «No, no lo hice; eso no pasó». La madre dijo que él había sido bien educado, y que incluso había estado al cuidado de sus primos menores en el pasado. Simplemente no podía creer que algo de eso fuese cierto.

Después de estar trabada algún tiempo, Dinah vino a verme. Siguiendo mi sugerencia, le dijo a la familia que ya que Louis había hecho que la gente desconfiara de él y lo acusase de tantas cosas, tenía que disculparse por inducir a las personas a pensar de ese modo sobre su conducta. Así, Dinah podría comenzar el trabajo. Habló sobre la humillación y la vergüenza que Louis había causado a su madre y a su abuela al hacer que todas esas personas creyesen esas cosas de él.

Un problema especial era que el juzgado había ordenado que Louis no tuviese ningún contacto con niños menores de doce años. Como la madre no lo consideraba importante porque nada había pasado, no le prestaba atención y la casa siempre estaba llena de niños, primos menores con los cuales Louis todavía tenía contacto. Por lo tanto Dinah les dijo a Ella y a la abuela que como el joven se había comportado de modo de recibir todas las acusaciones, era importante que no volviese a ser incriminado falsamente. Las mujeres tenían que ayudarlo vigilándolo de cerca, de modo que nunca quedase a solas con un niño menor de doce. De esa forma no tendría ocasión de volver a comportarse de un modo que pudiese conducir a más acusaciones. La madre y la abuela aceptaron que esto era importante, ya que ellas no querían que Louis volviese a ser incriminado. De este modo Dinah pudo asegurar que el joven estuviese bajo supervisión las veinticuatro horas del día. No podía salir de la casa sin la compañía de un adulto, ni tampoco estar solo en la casa. Louis convino en que era importante que la gente no hablase mal de él, por lo que aceptó la supervisión.

Dinah hizo que la madre le explicara al joven qué conductas podían provocar más acusaciones y cuáles actitudes harían que la gente hablase bien de él. La conversación fue muy específica y concreta, y detallaba tanto las cosas que no debía hacer como las conductas que debía adoptar para recuperar su buena imagen. Cada día, la madre y la abuela le preguntarían cómo se había comportado en la escuela, si había tratado bien a las personas o si había tocado a alguien en una forma que no era correcta. Las mujeres le indicaron que no tocase a nadie de ninguna forma, ni siquiera en broma; que mantuviese las manos quietas.

La terapia continuó de este modo durante varios meses. Louis siguió afirmando que nunca había pasado nada, pero su madre y su abuela no aflojaron la supervisión. Entonces Dinah decidió incluir a Louis en el grupo terapéutico de delincuentes sexuales juveniles, el cual funcionaba regularmente en el instituto como parte de un programa dedicado a estos casos. Cuando un nuevo integrante se une al grupo, se acostumbra que cada muchacho del grupo cuente el crimen que cometió y por el cual se encuentra allí. Entonces el joven recién llegado tiene que hacer lo mismo y contar su delito. Cuando llegó su turno, Louis dijo que estaba en el grupo porque había sido acusado, pero que nunca había hecho nada malo. A los otros muchachos no les gustó escuchar esto.

-No te creemos, Louis. No creemos que no hayas hecho nada. ¡Vamos, dinos lo que hiciste!

Al principio Louis continuó negándolo todo, pero después de unas pocas sesiones con el grupo, admitió que las acusaciones eran ciertas. Entonces Dinah le preguntó si se creía capaz de confesar la verdad a su madre y a su abuela. El dijo que lo haría, y en la siguiente sesión familiar cumplió su palabra. Le dijo a su madre que no había podido revelar la verdad por miedo a defraudarla, y que por eso había guardado el secreto todo ese tiempo. La madre lo perdonó y le respondió que en el último año su conducta había sido tan ejemplar que confiaba en que nunca más volvería a maltratar a nadie.

La terapia prosiguió con actos de reparación y cartas de disculpa a todas las víctimas. Su madre lo ayudó a redactar las cartas en las sesiones, aunque ninguna pudo ser enviada por las órdenes del juzgado que impedían cualquier comunicación.

EL ABUSADOR ABUSADO

Don tenía diecisiete años cuando llegó a terapia por primera vez. Debido a la extrema pobreza, había sido abandonado por su madre en las Filipinas cuando tenía cuatro o cinco años. La madre desapareció y nadie volvió a saber de ella. Don nunca conoció a su padre. Fue a vivir con una tía materna hasta los ocho años, cuando ella tampoco pudo seguir manteniéndolo. Entonces fue legalmente adoptado por sus abuelos maternos, quienes se mudaron a Oregon. La abuela era afectuosa con él, pero el abuelo era muy estricto, duro y distante.

Don recordaba que entre los once y los quince años, sufrió abusos sexuales por parte del hermano de su abuelo, quien cada tanto pasaba un fin de semana en la casa. Por las noches entraba en la habitación del muchacho, se acostaba en su cama y lo vejaba. Don no comprendía por qué sus abuelos nunca habían hecho nada al respecto. El tío le había advertido que jamás debía decírselo a nadie, por lo que él guardó silencio al respecto. No obstante estaba confundido, y pensaba que aquello debía ocurrirle porque algo no andaba bien en él mismo.

Gran parte de su confusión tenía que ver con el hecho de que, aunque muchas mañanas su abuela veía a este tío abuelo salir de la habitación de Don, no decía nada al respecto. El le tenía tanto miedo a su abuelo que nunca había hablado de ello con ninguno de los dos. Evidentemente, había habido una confabulación entre los tres adultos y un fuerte pacto de silencio. Nadie hablaba del maltrato sexual. Por añadidura, el abuelo de Don lo maltrataba físicamente y le exigía que hiciese toda clase de trabajos.

A los quince años, Don logró irse a vivir con una tía (la hermana menor de la madre biológica) en Maryland. Ella era una persona dulce y afectuosa que tenía dos hijos, de uno y tres años. Un mes después de haber llegado a la casa de la tía, Don empezó a abusar sexualmente del hijo mayor. Cuando llegaron a terapia, éste tenía cinco años y el menor tres. Los dos eran muy inteligentes y desenvueltos, y describieron los abusos a

Dinah con toda claridad.

Los padres de los niños habían comenzado a sospechar algo cuando el mayor, Johnny, tenía cuatro años. Para ese entonces ya hacía un año que éste sufría los abusos. Empezó diciendo cosas como: «Don me besa el pajarito», y trataba de tocar a su padre de un modo sexual. Además Johnny se masturbaba todo el tiempo.

Don era quien cuidaba a los niños todas las tardes, mientras sus tíos trabajaban. La madre se marchaba alrededor de las tres, y el padre volvía a casa a las seis. Por lo tanto cuando Don regresaba de la escuela, quedaba a solas con los niños y tenía ocasión de abusar de ellos. Nunca tocó a su primo menor, pero todo lo que le hizo a Johnny fue en presencia del pequeño.

Cuando el padre enfrentó a Don, éste respondió que no, que nunca había hecho nada parecido. Fue tan convincente en su negativa que continuaron permitiéndole que cuidase a los niños, aunque por todos los medios Johnny había tratado de contar a su padre lo que pasaba.

El padre había sufrido abusos en su infancia, y simplemente no era capaz de enfrentar la posibilidad de que lo mismo le estuviese ocurriendo a sus hijos. Pasó otro mes durante el cual Johnny insistió en decir cosas, y finalmente el padre volvió a enfrentar al sobrino. Esa vez Don dijo que sí, que había cometido el abuso.

Después de esta revelación, la familia acudió a terapia. Don comenzó a manifestar intenciones suicidas, por lo que las autoridades los enviaron a nosotros incluso antes de completar la evaluación. El joven tenía pánico de que lo rechazaran y abandonaran. No quería volver a lo de sus abuelos, y temía que lo expulsaran de la casa. Como ya había cumplido los diecisiete fue acusado como un adulto; se declaró culpable de delito sexual en cuarto grado y fue encontrado culpable. A partir de entonces se le ordenó asistir a terapia y quedó en libertad condicional por cinco años.

Desde el principio de la terapia Don se mostró sumamente arrepentido, pero no tanto porque sintiera el dolor de sus primos menores. Sufría por su propio dolor. Al principio tenía la tendencia a minimizar las cosas. Por ejemplo, dijo que sólo había cometido el abuso dos o tres veces. Pero cuanto más se hablaba más admitía, hasta que al fin confesó que aquello había estado ocurriendo durante más de un año. Al principio dijo que sólo había tocado al niño, pero luego admitió haberle efectuado sexo oral y haber obligado al pequeño a realizar sexo oral con él y a masturbarlo. Esto solía tener lugar en el dormitorio de los niños, mientras el menor observaba desde su cuna.

Cuando llegaron a terapia, los padres estaban furiosos. No obstante, después de escuchar las expresiones de arrepentimiento de Don y sus disculpas, aceptaron permitirle permanecer en la casa hasta que terminase la escuela secundaria (apenas le faltaban unos meses). Entonces tendría que buscarse otro lugar donde vivir.

Don había estado trabajando mientras estudiaba, y para después de su graduación ya tenía reservado un puesto administrativo en un restaurante de comidas rápidas. Entonces, con la ayuda de sus tíos encontró un apartamento que compartió con dos compañeros de trabajo mayores que él.

En la segunda sesión, el padre de los niños le contó a Don que él mismo había sido violado a los doce años por un hombre mayor, y que siempre había querido proteger a sus hijos. No podía creer que Don hubiese traicionado su confianza abusando de sus hijos, cuando ellos habían sido tan generosos como para ofrecerle un hogar. Hasta ese momento Don no había revelado los abusos que él mismo había sufrido, pero en esta segunda sesión, después de escuchar al padre, la tía contó que ella había sufrido abusos por parte del mismo tío abuelo que había molestado a Don. Entonces éste narró que el mismo hombre había abusado sexualmente de él durante cuatro años. También contó que entre los cuatro y los seis años, cuando vivía con otra tía, ésta tenía la costumbre de maltratarlo con sadismo. Si se orinaba en la cama, ella lo obligaba a recoger la orina y a beberla. Probablemente, ésta sólo fue una entre muchas humillaciones que sufrió cuando era un niño.

Para cuando el caso llegó al juzgado, ya había una orden de que no existiese contacto alguno entre Don y los dos niños con excepción de las sesiones de terapia. Don vivía en un piso. El tío siguió muy enfadado con él, pero la tía lo perdonó y también lo hizo Johnny.

Durante la terapia, Don decidió que su objetivo sería impedir que otros niños sufriesen abusos. Por ello quiso enfrentar al tío abuelo que había abusado de él, ya que estaba seguro de que estaba haciendo lo mismo con otros niños de la familia, tal vez incluso con los propios. Dinah se comunicó con las autoridades de Oregon, quienes dijeron que Don tendría que viajar a ese estado para hacer la denuncia, pero el joven no contaba con el dinero necesario. Por lo tanto llamó a sus abuelos y les habló sobre los abusos por teléfono. Había otra joven de la familia que todavía vivía en Oregon con los abuelos. Don habló con ella por teléfono, y la joven le dijo que había sufrido abusos sexuales por parte del mismo tío abuelo, pero que nunca se lo había contado a nadie. No obstante, como resultado de esta conversación, habló con sus abuelos y denunció al tío.

Decidieron reunir a la familia e invitaron al tío abuelo, quien no sólo debió enfrentarse a las acusaciones de la joven sino que también leyó una carta donde Don describía lo que él le había hecho. El tío abuelo lo negó todo pero los abuelos creyeron a Don, aunque él siempre había pensado que de algún modo lo sabían aunque no querían admitirlo. El hecho de que el abuelo se enfrentara a su hermano, apoyando a Don, sirvió de mucho para sanar al joven y componer la relación entre ambos.

Seis meses después, la abuela murió de un ataque cardíaco. Don y su tía fueron al funeral y, en esa ocasión, el joven conversó con su abuelo sobre lo ocurrido y éste se disculpó por no haberlo protegido. Don estaba decidido a enfrentar cada situación de abuso que había vivido, incluyendo los maltratos físicos por parte de su abuelo. Con cada revelación, su autoestima crecía y él se sentía más fuerte. Como pudo enfrentar su propia actitud de victimario, logró generar compasión por los niños de quienes él mismo había abusado. El tío abuelo nunca fue enjuiciado, pero todos estaban advertidos por lo que ya no le resultaría fácil abusar de otros niños de la familia.

El padre de Johnny no quiso aceptar ninguna reparación por parte de Don. Por lo tanto la familia convino en que, a modo de compensación, Johnny enviaría cincuenta dólares cada cinco semanas a una tía muy pobre que vivía en las Filipinas y criaba sola a sus cinco hijos. De este modo, contribuiría a que otros niños no sufriesen el mismo destino que él. Don asumió esta responsabilidad de buena gana, y también tomó la costumbre de escribir frecuentemente a la tía para averiguar cómo estaban los niños.

El padre de Johnny nunca perdonó a Don y no quiso volver a verlo fuera de las sesiones de terapia, pero aceptó que su esposa sintiera de un modo diferente y mantuviera una relación estrecha con él.

Cuando finalizó el período de libertad condicional, Don volvió a Oregon para vivir con su abuelo. Para ese entonces ya había hecho algunas amistades e incluso tenía una novia, pero quería estar con su abuelo. No obstante, después de un año perdió su empleo y decidió volver a Maryland. Al llegar fue a ver a Dinah con su tía, y contó que le estaba yendo bastante bien.

Johnny nunca se comportó en forma impropia con otros niños de la escuela o de la comunidad, ni tampoco con su hermano menor. Los padres colaboraron con la terapia, mantuvieron largas conversaciones con él y lo vigilaron atentamente hasta que estuvieron seguros de que todo andaría bien.

Gran parte de la terapia consistió en centrarse sobre las capacidades de Don: todas las dificultades que había enfrentado y lo listo y trabajador que era. Cuando el joven tomó conciencia de lo que había hecho y de lo mucho que había dañado a esos niños, Dinah le aconsejó que fuese a una biblioteca y buscase biografías de personas que hubiesen sufrido mucho en su juventud, llegando a ser triunfadores cuando grandes. También lo alentó para que escribiese su propia historia de supervivencia, como una inspiración para otros en el futuro.

EL SECRETO

Raymond tenía doce años cuando violó a una compañera de escuela. Su padre era directivo de una empresa, y su madre ama de casa. La pareja llevaba dieciséis años de casados. Ambos tenían hijos de un matrimonio anterior, pero Raymond era el único niño de la pareja. Todos los otros hijos eran personas prósperas: dos estaban casados, y uno estaba en las fuerzas armadas. Todos describían a la familia como muy unida. Tanto los dos hermanos mayores como la hermana amaban a Raymond y lo trataban como al niño mimado.

La familia se mostró muy confundida ante las acusaciones contra Raymond. El era un excelente estudiante, jugaba en el equipo de fútbol, siempre se mostraba respetuoso con sus padres y tenía una relación muy estrecha con su padre, de quien era el único hijo varón. Cuando los padres escucharon los cargos quedaron perplejos... no podían creer que su hijo hubiese hecho eso. El padre había mantenido conversaciones con Raymond sobre sexo, y le había asegurado que siempre estaría dispuesto a responder sus inquietudes. Le había hablado sobre el sida y los condones, y tenían una relación en la que podían conversar de cualquier cosa.

La compañera a quien había violado, Sandra, tenía catorce años. En la primera sesión Raymond dijo que él y Sandra habían bromeado sobre tener relaciones sexuales, y que ahora estaba confundido porque pensó que ella estaba de acuerdo con hacerlo. El informe policial no decía lo mismo. Una de las razones por las que Raymond pensaba que era de común acuerdo se debía a que, el año anterior, habían tenido sexo oral en el baño de la escuela, y habían sido descubiertos por otro alumno. Los padres de Raymond nunca fueron notificados de esto, aunque un consejero escolar habló con ambos niños. Los padres de Raymond estaban furiosos. De haber sabido un año antes que esto estaba pasando, dijeron, hubiesen podido hacer algo al respecto. Ahora su hijo estaba acusado de violación.

Según los padres, la única señal de que pasaba algo inusual era que las notas de Raymond habían comenzado a bajar, y que él parecía actuar como un payaso en las clases, convirtiéndose en el centro de la atención con sus bufonadas. Los padres pensaban que Raymond quería ser popular en la escuela. En la primera sesión, el muchacho dijo que una de las razones por las que quería hacer el acto sexual era para poder decir que ya no era virgen.

El acto sexual tuvo lugar en el pasillo de la escuela, detrás de una mampara móvil, durante la comida. Un estudiante pasó por allí, vio todo el episodio y lo informó al rector. Raymond fue arrestado, y Sandra fue llevada al hospital donde dijo que él la había sujetado cuando ella pasaba por el pasillo, y que ella le había dicho que no, muchas veces. El se había puesto un condón y la había penetrado por la fuerza, mostrándose muy enojado y agresivo durante todo el intercambio. El condón fue encontrado después en el pasillo.

Durante la primera sesión, Raymond se mostró sumamente perturbado. La familia había iniciado la terapia en el instituto antes de que el caso llegara al juzgado. El padre y Raymond no habían vuelto a hablarse desde que ocurriera la violación. El padre estaba muy enfadado. No podía creer que su hijo hubiese hecho esto. Ningún hijo suyo podía hacer algo semejante. Lo que más preocupaba a la madre era el deterioro de la relación entre ambos.

Raymond fue suspendido de la escuela hasta que se tomara una decisión sobre cuál sería su destino. Por lo tanto ahora recibía clases particulares en su casa. El joven asumió la responsabilidad por su conducta equivocada, aunque todavía estaba confuso sobre si había sido de común acuerdo o violación. Reconocía que Sandra le había dicho que no, pero había pensado que en el fondo ella lo deseaba. Por lo tanto la culpaba de lo ocurrido. Probablemente, parte de la confusión se debía al hecho de que el año anterior, ella había aceptado tener relaciones sexuales por vía oral.

Raymond se disculpó con sus padres, pero el padre dijo que no confiaba en él y que no estaba seguro de poder creer en su disculpa. Agregó que no podía perdonarlo. Por lo tanto Raymond tuvo que buscar un modo para convencerlo de que volviese a confiar en él. Se disculpó con su padre cada día por lo que había hecho, y por la desconfianza que había provocado. Después de un par de semanas, el padre comenzó a relacionarse con Raymond y a hablar en las sesiones de terapia familiar. Hasta entonces, iba al consultorio pero no decía nada.

Raymond se declaró culpable de implicado en violación de segundo grado. Había una orden que le impedia establecer contacto con Sandra, pero le escribió una carta de disculpa. Fue puesto en libertad condicional y se le ordenó asistir a terapia. La familia decidió que la reparación consistiría en ayudar a su madre, quien trabajaba como voluntaria en refugios para mujeres maltratadas. Raymond comenzó a ayudarla a clasificar ropa para los refugios.

El muchacho progresó rápidamente en la terapia. Parecía entender por qué estaba mal lo que había hecho. Asumió la responsabilidad en el tribunal, y dijo al juez que en un principio había pensado que la víctima estaba de acuerdo, pero que ahora comprendía que ante su negativa debía haberse detenido. El padre y Raymond se reconciliaron, y todo parecía marchar bien.

Un día la madre pidió ver a Dinah a solas. Uno de los temas que siempre la había inquietado era que el padre provenía de una familia sana e intacta, mientras que ella tenía varios hermanos que estaban presos. Ella había logrado escapar al destino familiar, pero temía que su hijo tuviese rasgos similares a los de sus hermanos. Le preocupaba que, de alguna manera, Raymond se estuviese identificando con esos tíos.

Cuando Dinah le preguntó por qué estaba tan preocupada, finalmente la madre respondió que una de las cosas que no le habían dicho era que Raymond era adoptado, que su padre biológico era uno de los hermanos de ella. Habían adoptado a Raymond de bebé cuando su padre, uno de los hermanos que estaba en la cárcel, había tenido un hijo con una drogadicta. La madre vejaba físicamente a la criatura. Cuando ellos recibieron a Raymond, encontraron quemaduras de cigarrillo en su cuerpo y notaron que tenía problemas de desarrollo. Su esposo había tenido serias dudas respecto de la adopción. Ellos ya eran mayores y tenían hijos adolescentes, y a él le preocupaban las repercusiones futuras. Pero ella lo había convencido de hacerlo. Toda la familia compartía el secreto, incluyendo a los tres hijos mayores, y todos convinieron en no decírselo a Raymond. A medida que el crecía comprendieron que algún día tendrían que hacerlo, pero tenían miedo de que se identificase con su padre biológico. Por lo tanto, cuando Raymond cumplió ocho años, se mudaron y cortaron todos los lazos con la familia materna, por miedo a que Raymond llegara a saber lo de la adopción.

Ahora los padres pensaban que había llegado el momento de hablar con el joven al respecto, porque el padre biológico había salido de la cárcel y decía que quería comunicarse con Raymond. Parecía arrepentido de haberlo entregado en adopción. El mayor miedo y el principal secreto familiar era el hecho de que el niño era hijo de un criminal. El principal temor del padre adoptivo era que Raymond dejase de considerarlo su padre.

La madre le dijo a Dinah que ella y su esposo habían decidido que Raymond debía saber la verdad. Dinah concertó una sesión familiar para que el padre hablase con él. La madre no se sentía en condiciones de decírselo, pero estaría disponible para cualquier pregunta que surgiese después de la revelación. Los hermanos no estaban en la ciudad, pero habían ofrecido hablar con él por teléfono. Todos convenían en que era necesario decírselo ya porque sabían que Raymond tenía sospechas. Había comenzado a preguntar por su certificado de nacimiento. Hacía comentarios sobre lo mucho que se parecía a su madre, pero nada a su padre. Raymond era bastante bajo, y el padre muy alto. Todos los tíos eran más bien bajos.

Cuando la adopción fue revelada, quedó claro que Raymond nunca había sospechado que era hijo adoptivo. Pero sí sabía que se le ocultaba algo. Había percibido una distancia de sus padres que no alcanzaba a comprender. Estaba seguro de que había algo que no sabía.

Raymond aceptó el hecho de la adopción. Los padres le dijeron que se sentían culpables por no habérselo dicho después de pedirle a él que confesara todo. Era una manera de indicarle que no habría más secretos familiares. También podría hablarles sobre cualquier cosa que le pasase.

Hasta entonces, Raymond había tenido muchos problemas para comunicarse y tratar con sus padres. Nunca podía pedirles nada. Después de la revelación, la barrera se rompió. Antes de revelar el secreto, los padres habían sido muy estrictos limitando las relaciones sociales de Raymond. Después, el joven pudo negociar algunos privilegios y su vida social se volvió más fácil. Dinah sospechaba que gran parte de la expresión de ira contra Sandra había tenido relación con este secreto.

Con el estímulo de Dinah, Raymond tranquilizó a la pareja diciéndoles que ellos eran sus verdaderos padres, y éstos le aseguraron a él que era su verdadero hijo. Un año después, todos estaban bien y no se habían producido más incidentes.

Dos años más tarde, a los quince años, Raymond fue acusado de violación en segundo grado por su novia, una compañera de la escuela secundaria de diecisiete años. El la había forzado, otra vez estando en la escuela, en el campo de fútbol. Raymond sostuvo que había entendido mal y pensado que ella consentía en realizar el acto sexual. Después de esto fue enviado a una institución correccional y reanudará la terapia familiar cuando vuelva a casa. El es uno de los tres menores de nuestro grupo que reincidieron.

LA FAMILIA FRACTURADA

Tim tenía doce años cuando fue acusado por intento de violación a una niña de seis años, vecina de su barrio. Tim vivía con su madre, una tía por el lado materno y los dos hijos adolescentes de ésta, en un piso de dos dormitorios.

La madre tenía un novio violento y alcohólico que, periódicamente, la golpeaba a ella y a Tim. Antes de mudarse a vivir con la tía, los tres vagaban sin tener una vivienda. Por las noches buscaban refugio en edificios abandonados. Durante el día Tim asistía a la escuela usando una dirección falsa, pero no tuvo hogar durante un año aproximadamente y sufrió tanto por descuido como por maltrato.

Cuando fue evaluado por las autoridades, Tim confesó que había vejado a tres de sus primos menores. Estos niños tenían dos, cuatro y seis años. Dos años antes de eso, había abusado de una prima menor en la casa de sus abuelos.

Tim nunca había conocido a su padre biológico, quien estaba preso por intento de violación de su propia hermana, que era retardada. Cuando la abuela reveló que el padre de Tim, su hijo, había intentado violar a la joven, éste había tratado de matarla. Por lo tanto estaba preso por ambos intentos, el de violación contra su hermana y el de homicidio contra su madre.

Debido a la historia de inestabilidad familiar, las autoridades recomendaron alojarlo en una institución, pero insistieron en que acudiese a terapia antes de ello. Más adelante decidieron que no tenían suficiente dinero para alojarlo en una institución, por lo que se continuaría con el tratamiento en el instituto como paciente externo. No obstante, fue considerado con alto riesgo de reincidencia a menos que se ajustasen ciertas estructuras que le permitieran vivir en la comunidad.

La madre de Tim era marginal en términos de sus sentimientos hacia él. Amaba a Tim, pero fue muy directa en decir que no estaba dispuesta a hacer todo lo necesario para mantenerlo a su lado. Se sentía furiosa con él por las cosas malas que había hecho, y si el juzgado decidía internarlo en una institución, ella no pensaba impedirlo. No obstante Dinah logró obtener su cooperación aunque sólo fuese para asistir a la terapia.

Las autoridades del condado colocaron un dispositivo electrónico a Tim, de modo de saber en todo momento dónde estaba. No podía abandonar la casa de su madre excepto para ir a la escuela o visitar a sus abuelos. Un maestro le brindaba atención especial y funcionaba como mentor y como amigo de Tim. Los abuelos fueron notificados de los abusos producidos en el pasado, y se les indicó que vigilasen atentamente al muchacho durante sus visitas.

En la primera sesión, Tim contó a su madre sobre todos los niños a quienes había vejado. Su tía, la madre de los tres pequeños que habían sufrido abusos, fue invitada a la segunda sesión, y Tim se disculpó ante ella por lo que había hecho. El juzgado le había prohibido todo contacto con aquellos niños y con los que tuviesen menos de cierta edad, por lo que Tim escribió cartas de disculpa a todos los niños a quienes había molestado. Más adelante, Dinah tuvo ocasión de colaborar con el terapeuta de los niños, por lo que se concertó una sesión de disculpa con ellos y Tim.

La pequeña de seis años por la cual Tim había sido acusado de intento de violación se había mudado junto con su madre y nadie conocía su nuevo paradero, por lo que no pudo concertarse una sesión de disculpa.

No obstante, con la ayuda de su madre, Tim escribió cartas a esa mujer y su hija. Luego las guardó a todas pero conservaba siempre una en el bolsillo, por si volviera a verlas. Estaba muy arrepentido.

Más adelante se supo que mientras vagaban por las calles, Tim había sufrido frecuentes abusos sexuales por parte de un adolescente, y que había sido violado en forma anal cuando tenía nueve años. En ese entonces existía muy poca vigilancia por parte de la madre, y Tim solía andar solo por las calles. El contó todo esto llorando en una sesión, y expresó el temor de que esta experiencia se reflejase en su propia sexualidad. Tenía miedo de convertirse en homosexual por lo que le había ocurrido. Este es un temor muy común entre los niños que han sufrido abusos por parte de hombres adultos. Parecía muy avergonzado de hablar de esto frente a su madre.

Al finalizar la terapia, un año y medio después, la madre parecía ocuparse un poco más de Tim. El siempre había querido estar cerca suyo, pero se había sentido rechazado y desprotegido. La madre confesó que ella misma había sido sexualmente atacada cuando vagaban por las calles sin vivienda.

Como resultado de la terapia, la madre no sólo se acercó más a Tim sino que también empezó a tener una relación más estrecha con sus padres. El muchacho ahora tenía amigos, incluso alguna novia, y en el final de la terapia se dedicaron varias sesiones a que la madre le explicase cuál era la conducta apropiada con una novia.

Tim participó con entusiasmo en la terapia de grupo. Durante las sesiones, se explicaba a los muchachos que en el futuro su conducta tendría que ser ejemplar porque siempre estarían bajo vigilancia por parte de la comunidad. Cada vez que ocurriese algún crimen sexual, ellos correrían el riesgo de ser considerados sospechosos. Hasta la fecha, Tim no ha presentado ninguna conducta equívoca, y su relación con las muchachas es una buena señal de que al fin se encuentra en su etapa normal de desarrollo.

Esta terapia de grupo resultó muy útil a Tim para permitirle revelar los abusos que él mismo había sufrido, porque allí escuchó a otros muchachos que compartían lo que ellos habían tenido que pasar. Cuando los integrantes del grupo hablan sobre sus propias penurias, el terapeuta aprovecha la oportunidad para que generen empatía con el dolor que causaron en su víctima.

◆ ◆ ◆

Estos ejemplos de terapia de delincuentes sexuales juveniles ilustran algunas de las cuestiones típicas: el silencio, los abusos que suelen pasar de una generación a la siguiente, la extraña ceguera que muestran los adultos al respecto. Los casos también ejemplifican la flexibilidad, la habilidad y el compromiso necesarios para trabajar con estas familias. Allí se refleja la premisa básica en una terapia de acción social: que cuando son orientadas por un terapeuta que tiene claro qué es lo moralmente correcto, que cree que la autodeterminación es posible, las personas pueden cambiar. Todos los delincuentes sexuales juveniles asumieron la responsabilidad por sus actos, se disculparon ante sus familias e hicieron algo a modo de reparación. Todos comprendieron que tenían la posibilidad de elegir cuál sería su futuro, a pesar de las grandes dificultades sociales. Por desgracia, algunas de estas dificultades surgen del sistema legal. En el Capítulo 8 nos ocuparemos de algunos modos en los cuales los juzgados pueden intervenir en la prevención de la violencia.

Cuando un delincuente juvenil no se somete a un

buen tratamiento, existen muchas posibilidades de que abuse de cientos de niños en el transcurso de su vida, y de que ejercite la violencia en otras formas distintas de la sexual. Una de estas formas de violencia es el maltrato de la esposa, el tema de nuestro capítulo siguiente.

CAPÍTULO 7

Maridos abusivos

Al enfrentar un problema de violencia conyugal, la primera tarea del terapeuta es determinar cuándo una situación es peligrosa. La forma de intervenir dependerá de la gravedad de la situación. Hay que considerar la historia de violencia en las familias de ambos cónyuges, los abusos que ya se han cometido, la violencia ejercida hacia otros y el riesgo que existe para los niños.

SEPARACION

Después de considerar todos estos factores, si el terapeuta decide que existe riesgo real, la terapia debe comenzar con una separación de los cónyuges. El profesional debe asumir la responsabilidad de esta separación, insistiendo que se lleve a cabo de inmediato. Un episodio violento más podría resultar devastador para la víctima, y no puede correrse el riesgo. Es poco realista pensar que la policía o el juzgado actuarán en forma expeditiva. Nadie hará nada hasta que ya se haya producido un abuso grave. Es competencia del terapeuta asumir la responsabilidad de prevenir la violencia, ya que nadie más lo hará.

En general en la primera sesión, después de evaluar la situación, informamos a la pareja sobre la necesidad de que se separen, al menos por el momento. Después de la separación se iniciará la terapia y el profesional decidirá el momento en que la pareja esté en condiciones de unirse otra vez. Por el momento, hacerlo sería demasiado peligroso, por lo tanto deben separarse. En ocasiones es necesario que la esposa obtenga una orden restrictiva del juzgado, de modo que el esposo sea arrestado si intenta establecer algún contacto.

En gran medida, este enfoque fue inspirado por los trabajos de Milton Erickson, quien nunca vacilaba en tomar decisiones de este tipo. Es posible que hoy un terapeuta tema enfrentar un juicio por mala práctica al insistir en que una pareja se separe. Erickson no tenía estos temores. Pedía a la esposa que fuese a casa, preparase una pequeña maleta y se marchase de inmediato, sin informar a nadie sobre su paradero. Ni siquiera él quería saberlo. Un par de meses después, ella podía enviarle una postal para hacerle saber que estaba bien. Erickson no vacilaba en tomar esta decisión si consideraba que corría peligro la vida de la mujer.

Yo sólo difiero con Erickson en el hecho de que prefiero que tanto la mujer como el marido estén cerca de otras personas significativas en el momento de la separación. Existe demasiado peligro de violencia y suicidio si el cónyuge queda aislado de la familia y los amigos. Por lo tanto en una primera sesión, les digo que cada uno debe volver a conectarse con su familia de origen. En ese mismo momento puedo llamar al padre de la esposa —o a su madre, un tío, la abuela, etc.— y decirle que necesito su colaboración, que me preocupa la seguridad de su hija, que ella se encuentra en una situación peligrosa y necesita ayuda. Puedo pedirle que pase a recogerla por el consultorio y la lleve a su casa, o que compre un billete de avión o autocar para que ella viaje sin demora. Si hay niños, procuraré que los lleve consigo cuando vuelva a casa con su familia.

Haré lo mismo por el marido, y probablemente llamaré a su madre para decirle que todavía no ha completado su tarea, que no ha terminado de educarlo. Un hombre violento es un hombre que no ha madurado. Su genio está fuera de control, y constituye una amenaza para su esposa. Necesita volver a casa con su madre, y ella debe volver a enseñarle a no ser violento.

Por lo tanto antes de que marido y mujer abandonen la sesión, me he comunicado con sus familias y hablado con algún pariente. Luego continuaré comprometiendo a las familias en diferentes configuraciones hasta que esté segura de que no habrá más violencia. Implicar a la familia es la mejor manera de imponer una separación necesaria y de prevenir la violencia futura. Incluso aunque los familiares vivan lejos, pueden ser convocados cuando en la situación existe una amenaza de muerte. En los casos en los que no existe familia, llamaré a miembros de la iglesia o de la comunidad para que desempeñen los deberes familiares en la protección de ambos, tanto de la víctima como del victimario.

RITUALES

Un ritual es un acto simbólico que implica un rito de transición donde el pasado es puesto a un lado y no será repetido. Los rituales pueden ser simples como una fiesta de cumpleaños, una visita a la familia o una renovación de los votos maritales. También pueden comprender varios pasos complicados. Lo importante es que el drama del ritual coincida con la gravedad del problema que se ha presentado.

En un caso en el que un esposo había maltratado físicamente a la mujer durante un largo período de tiempo y la esposa había tratado de matarlo, el terapeuta utilizó dos rituales (entre muchas otras intervenciones). Primero, pidió a cada cónyuge que le entregara su anillo de bodas, el cual no les sería devuelto hasta que él considerase que podían volver a estar verdaderamente casados.

Entonces les pidió que se cortaran el pelo, dejándolo de apenas un par de centímetros de largo. El pelo cortado de ambos sería puesto en un jarrón, lo llevarían a una montaña de Virginia donde George Washington solía llevar a Martha cuando la cortejaba. En la cima de la montaña, buscarían un árbol bajo el cual George y Martha descansaban. Bajo ese árbol, cavarían un hoyo y enterrarían el jarrón. Junto con los cabellos quedaría enterrado su pasado, con todas las cosas horribles que se habían hecho el uno al otro, cosas que nunca volverían a hacer. No obstante el pasado debería ser recordado para que no se repitiese. Ellos siempre sabrían dónde estaba el pelo, y cuando necesitaran recordarlo podrían volver a subir la montaña. Allí, junto al árbol, pensarían en las cosas terribles que se habían hecho el uno al otro y que nunca volverían a hacer.

Uno podría decir que pedirle a la gente que se corte el pelo como ritual terapéutico es demasiado drástico. No obstante, apenas es un símbolo de las agresiones que los cónyuges se han infligido entre sí. Cuando las personas son tan drásticas como para tratar de asesinar, las instrucciones del terapeuta tienen que ser igualmente drásticas o no serán escuchadas.

CREAR UN AMBIENTE DE CALMA

Uno de los problemas que se presentan al trabajar con la violencia marital es que los cónyuges pueden empezar a pelear en una sesión, imposibilitando la terapia.

Desde el comienzo el profesional tiene que enmarcar la situación de modo que la sesión pueda llevarse a cabo en un ambiente que conduzca a una interacción pacífica. Hay distintas formas de lograr esto.

Una manera es impedir que los cónyuges hablen entre sí, y sólo permitirles dirigirse al terapeuta y responder sus preguntas. Es decir, el profesional se convierte en el centro de las sesiones, y toda comunicación debe ser por su intermedio. Otra forma es informar que si se levantan las voces o se profieren insultos, la sesión será interrumpida.

Hay un medio indirecto que tal vez resulte más poderoso en situaciones difíciles. Al planificar la supervisión de la pareja mencionada anteriormente –a quienes se pidió que se cortasen el pelo– analicé con Neil Schiff, el terapeuta, la manera de crear un contexto calmo con una pareja tan violenta. Neil ni siquiera estaba seguro de poder mantener una conversación con ellos. Yo sugerí que había un modo, pero dije que no estaba segura de que Neil tuviese el valor suficiente para hacerlo. El me aseguró que sí, por lo que le expliqué mi plan.

Tan pronto como la pareja entró en el consultorio para la primera sesión, antes de hablar de ninguna otra cosa, Neil les dijo:

—Tengo que decirles un par de cosas antes de empezar. Una es que soy una persona ansiosa. —tragó saliva—. Algunas veces, cuando hay mucha presión en una situación, me pongo muy tenso. No puedo hacer mucho al respecto. Se me pone la mente en blanco, no sé si me entienden... Por lo tanto, si algo parecido sucede aquí, es probable que me vean... me pareció que debía decírselos para que estén preparados. Seguramente notarán que se me ponen los ojos vidriosos, y empezaré a tragar saliva con dificultad. Si eso ocurre sólo tendremos que detenernos por un minuto y esperar a que se calmen las cosas, porque de otro modo no estaré en condiciones de ayudarlos mucho. Lo que pasa es que no puedo, ya saben... no puedo... ¿Vieron que algunas personas no soportan las alturas? Bueno, yo no puedo... ahh... me siento muy mal cuando las cosas se ponen tensas..., ¿de acuerdo?

La esposa dijo:

—¿Se refiere a si las cosas se ponen tensas entre nosotros y empezamos a gritarnos?

—Probablemente tendrán que parar para levantarme del suelo —dijo Neil—, porque perderé el control. Seguramente lo verán por ustedes mismos, pero yo quería que lo supiesen para que en el caso que empezara a tener una expresión rara y a tragar saliva, se detengan al instante y me den una mano. Luego podremos volver a lo nuestro.

A partir de esa sesión, la pareja tuvo mucho cuidado de no alzar la voz ni pelear frente a él. Eran muy considerados con Neil, y todo el tiempo parecían mirarlo para ver cómo se sentía. Este enfoque puede parecer una manipulación, pero en realidad no lo es. Era verdad que Neil tenía miedo a la violencia de la pareja. Nunca antes había trabajado con alguien que había tratado de matar a una persona, y temía no ser capaz de controlar las sesiones. Esta técnica del "terapeuta tímido y nervioso" puede resultar útil para sacar a la luz lo mejor de la gente y permitir que se lleve a cabo la terapia.

ORIENTAR HACIA EL FUTURO

La violencia suele estar asociada a una perspectiva sórdida de la vida. Un hombre puede montar en cólera por un detalle trivial de la vida cotidiana, y perder de vista el panorama más amplio en términos de objetivos, prioridades y el sentido de la vida. La persona se concentra en lo negativo y se olvida de su búsqueda de felicidad. Cuando se ha perdido perspectiva en la vida, las rabietas violentas parecen una respuesta apropiada para los inconvenientes menores. La vida familiar se convierte en una pesadilla.

Esta era la situación de una pareja que llegó a terapia con un problema muy serio. La esposa padecía una diabetes severa, y bebía en forma descontrolada. Consumía media botella de vodka por noche, y no prestaba ninguna atención a su dieta ni a la medicación. Decía que era la violencia del marido lo que la impulsaba a beber.

El marido era un hombre muy alto y corpulento que tenía accesos de violencia y mal carácter. Algunas veces, mientras cenaba con su esposa y sus tres hijos, cogía su plato de comida y lo estrellaba contra la pared. Empujaba a su esposa y la hacía caer, o le apretaba el brazo con demasiada fuerza. Era tan robusto que su mera presencia podía resultar amenazante. Sólo tenía que moverse de cierta manera y ya estaba implícita la violencia.

Yo fui la supervisora del caso, y el terapeuta fue Stephen Williams, un hombre muy formal y cortés, siempre vestido con traje y corbata. Había un gran contraste entre él y el marido, y un contraste todavía mayor con la esposa, una mujer alta y gruesa, que asistía a las sesiones vestida con pantalones cortos y rizadores en el pelo. La pareja hablaba interminablemente sobre el desorden: el desván, el garaje, limpiar lo que ensuciaba el perro, sacar la basura.

No importaba el tema sobre el que se intentase hablar; la tensión entre ambos no desaparecía, la conversación siempre volvía a lo sórdido y doméstico, y continuamente estaba latente la amenaza de violencia. Yo podía notar que la pareja no avanzaba, y el terapeuta se sentía cada vez más deprimido. «Para esto estudié hasta graduarme», parecía pensar. Tenía que hacer algo para ayudarlos, no sólo a la pareja sino también al terapeuta.

Un día en que planeábamos la sesión detrás del espejo falso, le dije a Steve:

—Hoy quiero que hagas algo distinto. Entra y pregunta a la esposa si ha visto la película o leído el libro *Lo que el viento se llevó*. Ella te preguntará «¿Por qué?» Dile que ella y su esposo te recuerdan mucho a los protagonistas, Rhett Butler y Scarlet O'Hara. Ellos también tenían una relación apasionada, y siempre peleaban. Al igual que Rhett, su esposo siempre está al borde de la violencia; Scarlet siempre trataba de cambiarlo, pero nunca lo logró... nunca pudo cambiar nada de él.

En cuanto el terapeuta entró en el consultorio y dijo todo esto, el marido se miró en el espejo. El único parecido que tenía con Clark Gable era el bigote, y comenzó a alisarlo con una sonrisa. La esposa exclamó:

—¡*Lo que el viento se llevó* es mi novela favorita! He leído el libro cuatro veces. ¡Creo que he visto la película como seis veces! ¡Pero Scarlet sí cambió a Rhett!

—No es cierto —respondió el terapeuta—. Le apuesto 10 dólares a que en todo el libro no encontrará un párrafo que demuestre que ella lo cambió. Me sorprende que al conocer la novela tan bien, piense que usted tendrá éxito aunque Scarlet fracasó. Todavía intenta cambiar a su esposo en lugar de disfrutar su carácter sorpresivo y la relación apasionada que tiene con él.

La esposa dijo que volvería a leer el libro y buscaría los pasajes donde estaba claro que Scarlet cambiaba a Rhett. Más adelante admitió que había perdido la apuesta. En realidad Rhett nunca cambió. Pero la conversación sobre *Lo que el viento se llevó* ya había creado el contexto para un tipo diferente de interacción. Los esposos se identificaban con el prototipo de la pareja romántica y apasionada. Por un momento, el terapeuta los había elevado a un nivel más alto del habitual.

Entonces Steve procedió a preguntar:

—Me gustaría que me contaran los mejores recuerdos que tienen de su vida juntos. Algo del pasado, cuando se conocieron, ¿cuáles fueron los mejores momentos que pasaron juntos?

Al principio no lograban recordar nada. Pero el terapeuta insistió.

—Deben haber habido buenos tiempos. Tal vez la luna de miel, el nacimiento de su primer hijo...

Lentamente empezaron a recordar. El esposo contó que para la luna de miel habían ido a Florida, y que allí habían visto un espectáculo de delfines. Una noche él salió a caminar solo y vio al entrenador que practicaba con los animales. Observando aprendió las señales que el hombre daba a los delfines para el espectáculo. Al día siguiente llevó a su esposa a la laguna, hizo las señales que había visto y los delfines comenzaron a saltar sobre el agua, dando un espectáculo sólo para ella. Al escucharlo, el terapeuta comenzó a interesarse en el hombre. Era más creído de lo que él había imaginado. La esposa se suavizó al recordar el episodio.

Entonces recordaron otro par de incidentes maravillosos en su vida. El terapeuta les dijo que en las dos semanas siguientes, quería que hiciesen sólo una cosa: que crearan un buen momento que pudiesen recordar diez años después, como el episodio con los delfines. En diez años nadie se acordaría de quién lavaba la vajilla, quién sacaba la basura o quién limpiaba el desván. Pero un suceso inusual, un recuerdo especial, sería algo que les pertenecería y podrían atesorar.

Ese día había caído la primera nevada del invierno. Cuando abandonaron la sesión, el esposo levantó en enorme muñeco de nieve al lado de la puerta del instituto. El muñeco duró mucho tiempo, y éste es un recuerdo que yo siempre atesoro.

Durante dos meses la terapia continuó con la única directiva de, cada tanto tiempo, crear otro buen recuerdo. Se abandonaron todas las conversaciones sobre la violencia, la relación de la pareja y la diabetes de la mujer. Sólo se hablaba de cosas relacionadas con los buenos recuerdos que estaban creando. Pronto descubrieron que juntos y con sus hijos podían hacer cosas maravillosas que no costaban dinero. A medida que creaban buenos recuerdos, la salud de la mujer mejoró; abandonó la bebida y comenzó a cuidarse la diabetes. Después de tres meses ya no existían motivos para asistir a terapia.

Para resolver problemas de violencia, no es necesario concentrarse exclusivamente en ella. Lo mejor es elevar a las personas a un nivel más alto, desde el cual puedan imaginar una vida mejor.

MULTAS Y PACTOS

Una forma de detener las violencia de un hombre es establecer las consecuencias que la misma ha de producir, de modo que los resultados sean tan desventajosos que la satisfacción de ejercer la violencia no sea suficiente para compensarlos. Si un hombre es violento, es porque consigue alguna ventaja o satisfacción de esta actitud. Si, por el contrario, lo que obtiene es una penalidad, es posible que la abandone.

Yo no creo en los impulsos fuera de control. Siempre hay alguna oferta que la persona violenta no puede rechazar. Por lo tanto uno puede pagarle a un hombre para que no sea violento, o puede hacerle pagar si lo es. Muchas veces la primera alternativa no es factible, pero la segunda sí suele serlo.

Establecer un pacto para evitar el castigo puede hacerse del modo siguiente:

1. Por lo general, cuando la pareja llega a terapia es la víctima quien quiere resolver el problema. El esposo no suele ver que éste exista y ni siquiera desea asistir a terapia. Por lo tanto el primer paso es encontrar una motivación para que el cónyuge violento quiera cambiar. El terapeuta debe hablarle sobre lo doloroso que debe ser herir a las personas amadas, a la mujer que es la madre de sus hijos, a los niños cuando ven sufrir a su madre.

   El terapeuta explica que busca lo mejor para el marido, que le preocupan las consecuencias de lo que hace, en términos de hacer peligrar su posición en la comunidad como una persona respetable, obediente de la ley. Debe insistir en que, si la violencia no se detiene, las consecuencias más serias serán para él ya que sufrirá la perdida de su dignidad, su autorrespeto y el respeto de sus hijos.

2. El segundo paso consiste en que el terapeuta diga que existe un medio para detener la violencia. Si el esposo sigue las sugerencias del profesional, esto estará absolutamente garantizado. Es decir, lo que el terapeuta quiere proponer es la compra de un seguro contra la violencia.

3. Una vez que el esposo dice que quiere escuchar la propuesta del terapeuta, éste explica que se trata de un pacto. El marido abrirá una cuenta bancaria a nombre de su suegra (o los hijos de un matrimonio anterior de la esposa, o el hermano de ella, o cualquiera por quien él no sienta un afecto particular). En esta cuenta depositará una suma de dinero. La suma debe estar de acuerdo con la situación econó-

mica del marido. Puede ser 100 o 20.000. Cualquiera sea el monto, éste debe ser sustancial para el hombre en particular, de manera que su pérdida sea realmente dolorosa. Si él vuelve a golpear a su esposa, el dinero pasará automáticamente a manos de la suegra (o de quien sea). Entonces depositará el doble que la vez anterior, y se aplicará el mismo procedimiento si vuelve a golpear a su esposa.

4. El terapeuta debe estar preparado para la posibilidad de que el marido no acepte el pacto de inmediato. Por lo general, suele decir que no es justo y no le dedica más atención. El problema es que la mujer lo provoca. La golpea porque ella lo provoca. Si no lo hiciera, él no la tocaría. El terapeuta dice que la ley castiga la violencia, no la provocación. El marido no debe recurrir a la violencia cualquiera sea el hostigamiento. No obstante, como es posible que la mujer piense «A mi madre le vendría bien algo de dinero... lo provocaré un poco», el terapeuta puede proponer una modificación del pacto. Si el esposo golpea a la mujer y considera que lo ha hecho por una provocación de ella, el dinero será donado a una institución de caridad. Un marido violento no suele entregar dinero para fines benéficos, por lo que la pérdida le dolerá casi tanto como si la recibiera la suegra.

5. Cuando el terapeuta habla sobre el tema de la provocación, el marido suele tornarse muy hostil hacia él, e incluso puede llegar a amenazarlo. No importa que el profesional sea varón o mujer, joven o mayor, experto o inexperto. El terapeuta debe responder a la amenaza con amabilidad y tolerancia. Es muy importante demostrar al esposo que es posible responder a una provocación sin hostilidad. El terapeuta

tiene que subrayar una vez más que sólo desea ayudarlo a llevar una vida mejor. En estos momentos un largo discurso del profesional, en un tono de voz bajo e hipnótico, ayuda a disolver la hostilidad.

6. El terapeuta debe estar preparado para que el marido no acepte el pacto hasta que éste haya sido renegociado. Entonces creerá que ha obtenido una ventaja. Por lo general dirá que la suma es excesiva, que debería ser menos, o que la mujer tendría que contribuir también. Para prevenir esta renegociación, el terapeuta debe partir de una suma más alta que la que le parece indicada. Por lo tanto, al hacer la rebaja, podrá acceder a reducir el monto a la mitad o aceptar que la esposa contribuya con una parte.

Es muy importante estar preparado para la renegociación, porque un marido violento siempre debe sentir que de alguna manera ha ganado, que fue más listo que el terapeuta; y está bien permitirle que sienta eso. Cualquiera sea la suma convenida, lo importante es que la próxima vez que el hombre experimente la tentación de golpear, sabrá que ese golpe le costará una cantidad determinada de dinero.

7. Una cláusula del pacto puede ser que, si al pasar un año el marido no ha golpeado a la esposa, usarán el dinero para pasar un buen momento juntos, para ofrecer una fiesta o tomar unas vacaciones.

La eficacia de este recurso está garantizada. Si el precio es lo bastante alto y el terapeuta procura dar validez legal a la cesión de dinero, el marido no volverá a golpear a la mujer.

TERCERAS PARTES

Probablemente, lo mejor para prevenir la violencia marital sea implicar a una tercera persona en el matrimonio. Para que la violencia conyugal tenga lugar, es necesario que sea secreta. En presencia de otro adulto, no podrá continuar. Esta estrategia es particularmente útil cuando no puede concertarse una separación entre los esposos, o cuando la violencia continúa incluso después de la separación.

El terapeuta puede pedir a un familiar o a un amigo que se aloje en la casa de la pareja, o si ésta ya está separada que viva con alguno de los esposos y lo vigile en todo momento para asegurarse de que no haya más episodios violentos. Por ejemplo, en ocasiones una pareja vive separada pero el marido aparece con frecuencia en la casa de la mujer para discutir con ella y golpearla. El terapeuta puede hablar con la madre del esposo, explicarle el peligro de la situación y pedirle que vaya a vivir con su hijo. Entonces podrá vigilarlo constantemente para asegurarse de que no vuelva a mostrarse violento. Si la pareja todavía vive junta, la madre puede mudarse con ellos. El terapeuta debe explicarle la importancia de no perderlo de vista, ya que de otro modo su hijo acabaría en la cárcel.

Cuando se introduce una tercera persona, aunque sea en forma temporaria, es posible que se produzca cierta calma. Entonces, sin la constante amenaza de violencia, el terapeuta podrá idear otras estrategias para que haya una solución permanente sin la presencia constante de una tercera persona.

LOS PASOS

El método descripto para trabajar con delincuentes

sexuales puede adaptarse a la terapia de maridos violentos. Estos son los pasos recomendados:

Paso 1. El terapeuta debe encontrarse con los esposos, sus padres y sus hermanos, reuniendo a la mayor cantidad posible de adultos de la familia. Luego pide a la pareja que hable sobre todos los episodios de violencia. En una terapia de acción social, un objetivo es reorganizar a la familia natural de modo que se establezcan controles destinados a impedir nuevos abusos. La persona violenta debe asumir la responsabilidad por el modo en que sus actos afectan, no sólo a la víctima, sino a toda la familia.

Paso 2. El terapeuta pregunta al marido por qué estuvo mal que golpeara a su esposa. Con frecuencia al hombre le cuesta aceptar que esto estuvo mal y trata de justificarse diciendo que ella lo provocó. El terapeuta pide a los otros adultos que le ayuden a comprender que él es la única persona responsable de su propia violencia, y que le expliquen por qué estuvo mal. Algunas veces los otros miembros de la familia tampoco lo entienden, tal vez porque existen otras víctimas y abusadores entre ellos. Pero el terapeuta debe insistir hasta que el marido asuma toda la responsabilidad de sus actos, y comprenda el dolor y la humillación de la víctima.

Paso 3. El terapeuta explica el dolor espiritual sentido al ser maltratada por la persona en quien uno más confía: el esposo y padre de los propios hijos.

Paso 4. El terapeuta pide al esposo que se ponga de rodillas para expresar su pesar y arrepentimiento por haber maltratado a la esposa, asumiendo toda la responsabilidad por lo que hizo y prometiendo que nunca volverá a hacerlo. La familia y el terapeuta tienen que evaluar si la disculpa es sincera o si es necesario repetirla una y otra vez hasta que todos estén de acuerdo en que ha sido veraz.

Paso 5. Entonces la familia analiza cuáles serán las consecuencias si el esposo vuelve a golpear a la mujer, y el terapeuta los alienta a ponerse de acuerdo sobre castigos tales como presentar una denuncia y forzar la separación entre ambos.

Paso 6. La familia elige a un protector para la víctima, a alguien que permanezca cerca y la vigile para asegurarse de que está bien. El protector incluso puede mudarse temporariamente con ella, o ésta con aquél.

Paso 7. La familia puede decidir algo que el esposo hará a modo de reparación para su mujer, como una manera de demostrarle su arrepentimiento y su amor.

Después de estos pasos, la terapia puede proseguir con encuentros a solas con los esposos en los que el terapeuta les ayudará a conciliar sus diferencias. Algunas veces puede volver a reunirse a la familia hasta que desaparezca cualquier amenaza de violencia.

FRED Y GINGER

Ginger me fue enviada por su padrastro, quien era profesor en la universidad local. Ella contó que tenía problemas de violencia en su matrimonio. Por esta razón se había mudado con su madre y su padrastro, quien había insistido en que empezase una terapia conmigo.

Ginger vino sola a la primera sesión; traía a su bebé de tres meses. Era una joven hermosa, con su pelo largo y rubio y una expresión de devoción por su bebé, a quien amamantaba casi constantemente. Contó que había habido mucha tensión en el matrimonio porque su marido, Fred, había emigrado de Europa y tenía dificultades para conservar un empleo. Había renunciado a su carrera en Europa porque ella quería estar cerca de su familia, pero ahora eran muy pobres y la familia de ella no los ayudaba.

Ginger dijo que Fred había comenzado a golpearla en Europa, poco después de que quedara embarazada. Al principio no le pareció tan terrible: sólo un coscorrón en el brazo o una bofetada. Me pareció que minimizaba la violencia, como muchas mujeres maltratadas.

Le dije a Ginger que necesitaba conocer a su esposo y reunir a todas las personas posibles de su familia. Ella respondió que no quería contárselo a su padre por miedo a preocuparlo demasiado. Le prometí que lo protegería de ello pero insistí en que debía participar. Le pregunté si prefería que llamase a cada miembro de su familia o si había una persona con quien podría hablar para reunirlos a todos. Ginger dijo que si hablaba con su madre, ella traería a los demás.

En la segunda sesión estaban presentes Fred, Ginger y la familia de ella: su madre y su padrastro, su padre y su madrastra, dos hermanos y una hermana. Expliqué que los había invitado para que me ayudasen a terminar con la violencia de Fred contra Ginger, y que mi objetivo era que la joven pareja volviese a reunirse como una familia. Tanto la madre como el padrastro aseguraron que querían volver a verlos juntos, pero que si se consideraba la violencia no creían que esa posibilidad fuese realista.

Pedí a cada uno que me dijese todo lo que sabía sobre la violencia de Fred y, al escuchar a la madre y al padrastro de Ginger, comprendí que era mucho más serio que lo que ella me había descripto. En una ocasión, la madre había tenido que llevarla al hospital con pérdida de audición en un oído como consecuencia de un golpe en la cabeza. Varias veces, Fred había cerrado la puerta del piso con llave y la había golpeado durante horas. Los hermanos y el padre quedaron perplejos y furiosos al escuchar todo esto.

Yo me volví hacia Fred, quien vestía un traje muy formal y tenía al bebé en sus brazos. Era un hombre alto, delgado y moreno... un contraste total con Ginger, que estaba sentada a su lado. Dijo que echaba de menos a su esposa y a su hijo, y que quería que volviesen a casa. Le pregunté si sabía por qué su violencia estaba mal. Con un fuerte acento extranjero, respondió que la violencia es un error, que hace daño, pero que yo debía entender que Ginger tenía una personalidad terrible y que eso provocaba su violencia.

Yo le expliqué que la provocación no era ninguna excusa, y pregunté a los demás si pensaban lo mismo. Volvimos a recorrer el círculo, y una vez más pregunté a Fred por qué su violencia estaba mal. El dijo que de niño había tenido meningitis, y creía que, como consecuencia de la enfermedad, se había producido algún daño cerebral que lo inducía a perder el control. El padrastro apoyó esta posibilidad, y agregó que quizás Fred necesitaba alguna medicación. Yo le pregunté a Fred a cuantas personas había golpeado. El dijo que nunca había golpeado a nadie.

Volví a inquirir si había castigado a una ex novia, a alguien de su trabajo o a alguna persona de su familia. El dijo que nunca se había mostrado violento con nadie excepto con Ginger. Yo hice notar que eso era muy interesante. Nunca había escuchado que un daño cerebral causase una agresión específica, sólo hacia la esposa. Todos comprendieron mi punto de vista y coincidieron en que la violencia no podía ser resultado de un problema neurológico.

Por lo tanto volví a preguntarle por qué estaba mal golpear a su esposa. El dijo que estaba mal porque la amaba y era la madre de su hijo, pero insistió en que ella lo provocaba. Esta conversación continuó durante más de media hora, hasta que por fin él aceptó que su violencia era un error, independientemente de la provocación de Ginger.

Yo expliqué el dolor espiritual que este maltrato había causado en Ginger: ser atacada por el marido a quien amaba y en el cual confiaba, el padre de su hijo; amamantar al bebé y transmitirle la reacción química de su miedo; no sólo ser golpeada sino también torturada durante largos períodos de tiempo. Fred dijo que lo entendía.

Por lo tanto le pedí que se arrodillara frente a Ginger y le expresara su pesar y arrepentimiento por haberla maltratado. El dijo que quería disculparse, pero que no se pondría de rodillas. Lo importante no era su disculpa, me dijo. Yo tenía que ayudarlos a llevarse mejor. Tenía que cambiar la personalidad odiosa de Ginger.

Le respondí que sólo podría hacerlo cuando él asumiera toda la responsabilidad por su violencia, cuando demostrase sincero pesar y arrepentimiento, para lo cual debía ponerse de rodillas y disculparse con Ginger. El insistió en que no se hincaría.

Pedí ayuda a la familia y uno por uno todos le hablaron. Los hermanos dijeron que querían matarlo. Les pedí que conservasen la calma y expresé lo mucho que apreciaba su presencia. Ellos tenían aproximadamente la misma edad que Fred y su consejo era de particular importancia. El padre habló sobre su propio dolor por haber sido traicionado por Fred, en quien había confiado y al cual había ayudado. Fred se volvió hacia Ginger varias veces para decirle que lo lamentaba. Lloraba tanto que uno podía ver las lágrimas que caían sobre la alfombra, pero no se ponía de rodillas.

Yo dije que si la familia no veía que estaba verdaderamente arrepentido y consideraba que aún podría haber más violencia, no podría dejar que Ginger volviese a casa. Todos coincidieron conmigo y dijeron que no había ningún indicio para pensar que Fred cambiaría. Yo insistí en que se pusiese de rodillas.

Después de más de media hora así, pedí a las mujeres que saliesen de la habitación. El maltrato de la esposa es un problema de hombres, y les expliqué que quería que los varones de la familia hablasen con Fred. Volvimos a recorrer el círculo, y cada uno habló de asumir la responsabilidad por los propios actos, de no considerar a la mujer como una propiedad, del amor por los hijos. Los hermanos, ambos altos y fuertes, explicaron lo que hacían para controlar su cólera. Fue inútil. Fred no quería ponerse de rodillas. Pregunté a los hombres qué harían si Fred volvía a golpear a Ginger, y ellos dijeron que lo denunciarían a la policía y que de inmediato sería devuelto a su país.

Finalmente, terminé la sesión diciendo que la semana siguiente, tendría que volver a reunirme con toda la familia. Mientras Fred no se disculpara como correspondía, no podría continuar con el resto de la terapia. Mientras tanto, Ginger viviría con su madre y su padrastro. Se concertó que Fred la visitaría a ella y al bebé en la casa de los padres.

Al comienzo de la siguiente sesión, sin que nadie dijese nada, Fred se puso de rodillas y se disculpó. Otra vez lloraba profusamente, y expresó su pesar y arrepentimiento con sinceridad. La familia quedó satisfecha. Entonces Fred prometió que nunca volvería a golpear a Ginger. Quería que volviese a casa.

Consideré que después de disculparse frente a la familia, sumado a la amenaza violenta de los hermanos y la posibilidad de la deportación, Fred no volvería a lastimar a Ginger. Pero la familia no pensaba lo mismo.

Ellos no querían que la joven volviese a su casa, e incluso temían por la seguridad del bebé. Yo respeté su punto de vista. Se decidió que los hermanos se convertirían en los protectores especiales de Ginger. Pasó otro mes antes de que la joven y el bebé volvieran a vivir con Fred.

Mientras tanto, continuamos con las sesiones familiares para tratar el tema económico, el trabajo de Fred y las exigencias y el mal carácter de Ginger.

En lo que se refería al dinero, el problema era que no había suficiente y a ellos les gustaba vivir muy bien. Ambos vestían con mucha elegancia y gustaban de la buena cocina, en especial Fred que era el cocinero de la casa.

Mientras tanto, Fred tenía un empleo por debajo de sus capacidades, y también enfrentaba todas las dificultades de ser un extranjero. Llegaba a casa frustrado y lleno de ansiedad por el futuro. Uno de los problemas en su trabajo era que Ginger lo llamaba por teléfono para discutir o sólo para charlar interminablemente, por lo que concertamos que una llamada al trabajo nunca podría extenderse más de cinco minutos.

Era verdad que Ginger tenía mal carácter. Nunca estaba dispuesta a cooperar con las cosas que Fred quería, a menos que coincidiesen totalmente con las que ella deseaba. Por ejemplo, por las noches ella se sentaba a leer. Si Fred le hacía una pregunta, no respondía porque estaba inmersa en la lectura. Le gustaba leer en silencio, y no le prestaba ninguna atención durante horas. Esto era muy frustrante para Fred, a quien le gustaba volver a casa y conversar con ella.

Yo sugerí que cada vez que Ginger mostrase mal genio, la consecuencia sería que ella prepararía la cena siguiente en lugar de él. Fred respondió que eso sería un castigo para él... prefería sufrir por su mal carácter antes que comer lo que ella podía prepararle. Por lo tanto negociamos otras consecuencias.

La pareja se estabilizó en una relación más normal, aunque continuó sufriendo problemas económicos. Después de un año de iniciada la terapia, no se han producido más episodios violentos.

NEGOCIAR LAS DIFERENCIAS

Una vez que ha desaparecido la amenaza de violencia, el terapeuta debe concentrarse en ayudar a los esposos para que negocien sus diferencias sin hostilidad. Una manera de hacerlo es aconsejarles que lleguen a un acuerdo en el que ambos sientan que han ganado. Si en las negociaciones alguno considera que ha «perdido» demasiadas veces, es posible que ya no quiera negociar más. En este caso el profesional explicará claramente que se buscará una situación donde ambos «ganen».

Alguna negociaciones del matrimonio son explícitas. El intercambio es claro y definido. Cada integrante sabe exactamente qué entrega y qué recibe. Por ejemplo, uno de los cónyuges acepta mudarse a otra ciudad a cambio de que el otro acepte cambiar de profesión. Una negociación implícita se produce cuando un integrante accede a un pedido del otro sin solicitar algo a cambio en forma explícita. Por ejemplo un esposo puede pedir al otro que modifique la rutina diaria y prepare la cena. El otro cónyuge puede aceptar sin pedir algo a cambio, aunque esto no significa que no lo espere. La parte que accede a un pedido siempre espera algo a cambio.

La mayoría de las negociaciones entre esposos son implícitas. Cuando éstas no funcionan, la pareja debe adoptar un estilo explícito de negociación. Los pasos siguientes, elaborados por Jim Keim, sirven en la terapia para efectuar una negociación en la que ambos ganan.

Paso 1. Se pide a ambos cónyuges que redacten una lista de temas a ser negociados, de cosas que «quieren». La lista debe incluir al menos un punto referido con la diversión y el entretenimiento.

Paso 2. El proceso de negociación comienza con la cuestión de divertirse como pareja. Por ejemplo, si la esposa ha escrito que quiere ir a bailar y el marido ha puesto que quiere ir al cine, ésta es la primera cuestión que deben negociar.

Paso 3. El terapeuta explica que esta negociación es sólo la primera de muchas. Como habrá más, es importante empezar disfrutando la mutua compañía, de modo que las siguientes negociaciones puedan realizarse en un ambiente alegre y amigable. Es por eso que los buenos empresarios ofrecen entretenimientos a sus clientes. Por la misma razón los empresarios japoneses, famosos por sus excelentes estrategias de negociación, siempre cierran un acuerdo con una buena cena.

Paso 4. El terapeuta explica las reglas para negociar:

1. Nunca decir que no. Lo más cerca que puede llegarse del «no» es decir: «Lo pensaré».
2. Sólo pueden negociarse el presente y el futuro. Evitar las referencias al pasado salvo como ejemplo de lo que se está pidiendo.
3. Partir de que se sabe sólo lo que es bueno para uno, no para el otro. Cuestionar la validez del pedido del cónyuge es recibido como hostilidad o condescendencia.
4. Cada integrante le debe al otro un «precio» por el pedido que se está negociando.
5. Ser muy específico sobre los términos del pedido. Por ejemplo, negociar momentos particulares sólo

para la semana en curso. Describir un pedido en términos de conducta. «Se más afectuoso» es demasiado vago. «Abrázame una vez al día» es bien específico. Dividir los pedidos en conductas simples.

6. Sujetarse las manos uno al otro mientras se negocia. Es muy difícil discutir con alguien mientras se tiene cogida su mano.
7. Sellar todas las negociaciones con un beso.
8. No terminar una negociación hasta que los dos integrantes de la pareja consideren que ambos han ganado con la situación. Redactar el acuerdo.

Paso 5. Cuando se ha completado la primera negociación, se prosigue con el ítem siguiente. Se continúa negociando de este modo durante varias sesiones. El terapeuta no debe permitir que los cónyuges negocien fuera del consultorio hasta que se hayan logrado varios éxitos en las sesiones.

◆ ◆ ◆

Las estrategias y pasos descriptos en este capítulo no son contradictorios entre sí, y pueden ser usados consecutivamente en una terapia de violencia conyugal. Todos forman parte de una terapia de acción social, basados en una perspectiva interactiva.

No somos el producto de nuestras experiencias infantiles. Tenemos la capacidad de decidir, el poder de autodeterminación. Si cambian las interacciones, cambia el individuo. La familia –la tribu natural– es una parte importante de las interacciones de un individuo. Cuando los familiares se organizan para impedir la violencia, se acaban los maltratos. Un terapeuta responsable orienta a la familia para que se haga responsable de sus miembros, de modo que cada individuo sea responsable de sus propios actos y toda violencia tenga que terminar.

CAPITULO 8

Errores de jueces y terapeutas

El error más común que cometen los terapeutas en casos de violencia familiar es no colaborar con los juzgados. Tenemos que educar al sistema legal para que sepan qué necesitamos de ellos y qué pueden esperar de nosotros. Debemos ser muy claros con aquello que está bien y aquello que está mal, y alentar a nuestros pacientes para que defiendan sus derechos. Tenemos que protestar cuando un castigo nos parece demasiado severo, o cuando una orden del tribunal interfiere con la terapia o no contribuye al bienestar de un niño. Aunque no se espera que colaboremos a menos que nos llamen para testificar, es necesario que nos hagamos oír. El juzgado puede ser tan abusivo como la familia o más. Así como en ocasiones tenemos que proteger a un niño de sus padres, también tenemos que proteger a niños y adultos de los juzgados.

El error más común de los jueces es enviar personas a la cárcel en lugar de ordenar una terapia familiar, libertad condicional y servicio a la comunidad. Una persona sólo debería ser confinada en una institución cuando el terapeuta se da por vencido y no puede controlar la violencia. La terapia es más barata que la cárcel, y no es un lugar donde se aprendan cosas malas de otros internos. Además, en una terapia familiar, pueden beneficiarse varias personas.

Otro error típico que cometen los jueces es no escuchar a los niños y olvidar que cada pequeño tiene derecho a estar junto a su madre, incluso aunque ésta no sea la mejor persona del mundo. Con demasiada frecuencia los niños son separados de su madre cuando quien presenta el problema es el padre.

Los siguientes ejemplos ilustran algunas de las dificultades en casos en las que estaba actuando un juzgado.

INTENTO DE ASESINATO

Rhonda llamó al Instituto de Terapia Familiar para iniciar una terapia. Hacía un año que se había divorciado de su esposo, David. En un principio Rhonda había tenido la custodia de sus dos niños: un varón de seis años y una niña de cuatro. Seis meses después de que le fuera entregada la custodia, el padre había reiniciado sus intentos de conseguir que se la otorgasen a él. Encontró un terapeuta que justificó su idea de que no era conveniente que ella tuviese la custodia primaria de los niños, básicamente porque estaba de novia con un hombre que tenía antecedentes criminales. En una ocasión éste había sido acusado de conducta escandalosa, y había amenazado con golpear al padre porque no dejaba de interferir con la nueva vida de su ex esposa.

David tenía un trabajo prestigioso, estable y de tipo intelectual, y no tenía ningún antecedente de violencia. Casi todo lo que había ahorrado en su vida, lo gastó en abogados para recuperar la custodia de los niños. En la audiencia el juez revocó el acuerdo original y los niños fueron a vivir con el padre, quien contrató un ama de llaves para que lo ayudase.

Los niños habían estado muy felices viviendo con su madre, y les agradaba el novio de ésta. Ellos no habían sido citados a la audiencia en el juzgado. El juez nunca les preguntó dónde preferían vivir.

Un mes después el varón, Randy, prendió fuego a la casa. Dijo que estaba jugando con unas cerillas en la cama de su hermana, pero todos creían que lo había hecho en forma intencional. El tejado de la casa se quemó por completo, pero nadie resultó herido.

Después del incendio, la madre inició la terapia porque los niños estaban muy perturbados. El padre había accedido a que se mudasen temporariamente con ella porque la casa estaba inhabitable. Las reparaciones demorarían tres o cuatro meses, ya que los daños eran severos. David se mudó a un piso. Tenía más de cincuenta años, y éste era su segundo divorcio. Era hijo único y sus padres habían muerto. Rhonda era veinte años menor que él. También era muy talentosa en su profesión. Sus padres participaban activamente en actividades culturales con los niños.

Al principio de la terapia, Rhonda y David coincidieron en que tenían que aprender a llevarse mejor y dejar de causar dolor a los niños, quienes estaban muy angustiados por su conducta. Los padres tenían fuertes peleas en las que él la acusaba de estar con un hombre terrible. David la insultaba frente a los niños, quienes se acongojaban mucho. La madre les dedicaba mucho tiempo y disfrutaba jugando con ellos. Esto había sido usado en su contra en el juzgado, cuando el psicólogo anterior había sugerido que ella era casi una adolescente en sus intereses, más una compañera de juegos que una madre. La terapeuta familiar no lo vio de ese modo. Rhonda era una madre excelente que sabía relacionarse muy bien con sus hijos.

Cuando llegaron a terapia, los niños estaban angustiados por el incendio y por las peleas de sus padres. Les alegraba volver a la casa de su madre, para quien la situación se convirtió en una oportunidad de recuperar la custodia. Ninguno de los dos quería la custodia conjunta, porque no lograban ponerse de acuerdo en nada. El plan de la terapia era trabajar con ambos padres periódicamente, pero también mantener sesiones con los niños para hablar sobre sus temores y ansiedades, y ayudarlos a enfrentar el divorcio de sus padres.

Cada vez que asistían a una sesión, los padres comenzaban a reñir. El estaba furioso porque ella lo había dejado. No quería criar a los niños solo, pero tampoco verlos de vez en cuando. Era imposible hacerlo razonar sobre la situación, y estaba tan furioso que literalmente le salía espuma por la boca. La terapeuta lo vio a solas un par de veces para tratar de escuchar su versión de la historia, de modo que pudiese desahogar su ira y su frustración. No obstante, aun comprendiendo algunos de sus sentimientos no pudo influir sobre él, y David continuó con una actitud irracional cada vez que hablaba con su ex esposa. El nunca había sido físicamente violento, pero solía embarcarse en fuertes disputas por cuestiones menores. Por ejemplo, discutía con los vecinos y luego arrojaba colillas encendidas dentro de sus coches.

En terapia, Randy tenía miedo de decir algo en contra de su papá, pero en sus dibujos expresaba claramente que hubiese querido lastimarlo. La terapeuta pensaba que el motivo era que David decía al niño cosas malas sobre su madre, pero aunque le advertía al respecto el padre continuaba. David comprendía que estaba mal, pero no podía controlarse. Parecía que constantemente necesitaba desahogarse contra su ex esposa. Llegó al extremo de decirle a Randy que cuando quedó embarazada de él, su madre había querido abortar y que después de su nacimiento había interrumpido el embarazo de otro hijo. Fue terrible que le dijera algo semejante a un niño de seis años.

Después de cuatro meses de terapia, la ira del padre fue en aumento porque quedó claro que Rhonda luchaba para recuperar la custodia de los niños. Cuando las reparaciones de la casa estuvieron terminadas, David quiso que le devolviese los niños pero ella respondió que no sería bueno para ellos, justamente en el momento en que comenzaban a estar mejor. Los informes escolares eran buenos, y Randy no había vuelto a jugar con fuego. En una sesión con los padres a solas, la madre explicó que los niños querían vivir con ella pero tenían miedo de decírselo al padre. El convino en no volver a preguntarles dónde preferían vivir. Ambos coincidieron en que la terapeuta hablase con los niños y decidiera qué sería mejor para ellos.

Cuando la terapeuta le preguntó a Randy cómo se sentiría si volviese a vivir con su papá, el niño dibujó una casa cuyo tejado estaba cubierto de humo, y una figura con un revólver humeante en la mano. Dijo que si tenía que ir a vivir con papá, le dispararía.

La terapeuta se reunió con los padres y les dijo que, en su opinión, Randy debía continuar viviendo con su madre. David se puso furioso con ella y dijo que llevaría la cuestión al tribunal. Rhonda respondió que ella también acudiría al juzgado y pediría la custodia.

Después de esa sesión, David se llevó a los niños de vacaciones, y cuando regresaron los sacó de la terapia. Una vez más, contrató a un psicólogo para que testificase en su favor.

La terapeuta fue citada a comparecer para brindar testimonio sobre la terapia. Relató lo que los niños habían dicho y mostró el dibujo de Randy al juez. El experto contratado por el padre refutó su testimonio, diciendo que el dibujo del niño no tenía conexión con el caso. El juez removió al psicólogo del caso, afirmando que si el profesional estaba tan inclinado en favor del padre, él nunca volvería a permitirle que prestase testimonio en su juzgado.

Entonces el juez ordenó una investigación familiar que sería realizada por un psicólogo designado por el juzgado y una asistente social. Hubo otra audiencia tres meses después, en la que el juez entregó la custodia a la madre y amonestó duramente al padre por su conducta inadecuada con los niños. Además, como la escuela había sido una influencia tan estabilizadora en la vida de los niños, el juez ordenó que el padre abandonase la casa donde vivía y que la madre se mudase allí con ellos para que pudieran estar más cerca de la escuela. Esto no le pareció buena idea a nadie, ni siquiera a Rhonda. De este modo, David no sólo perdía a sus hijos sino también su casa. Y ahora ya no le quedaba dinero porque lo había gastado todo en los honorarios de los abogados.

Tres semanas después, unos días antes de Navidad, David fue a su casa, que ahora pertenecía a Rhonda, con la intención de matarla. Ella estaba en una fiesta navideña, y los niños habían ido a visitar a su abuela. De alguna manera David logró entrar en la casa. El novio de Rhonda, Bob, vivía allí. Bob bajó la escalera pensando que Rhonda había vuelto, y David le disparó dos veces, en el pecho y en la espalda. Entonces David corrió escaleras arriba en busca de Rhonda, y luego volvió a bajar mientras Bob fingía estar muerto. Luego David revisó la correspondencia y finalmente salió a la calle, donde vociferó contra los transeúntes y atemorizó al hijo de unos vecinos con preguntas sobre Rhonda y los niños. Mientras tanto, Bob se arrastró hasta el teléfono y llamó a la policía. David fue arrestado de inmediato y no pudo salir bajo fianza.

David fue acusado de intento de asesinato, y asalto y agresión, pero el jurado sólo lo encontró culpable por el cargo menor. El juez se mostró molesto por la decisión, pero sólo pudo dictar una sentencia de diez años, cuatro de los cuales fueron dejados en suspenso. Unos meses después del juicio, Rhonda se casó con Bob, quien ahora está incapacitado por las heridas. Ella prometió comunicarse con la terapeuta cuando David salga de la cárcel. El profirió amenazas no sólo contra la terapeuta sino también contra los dos profesionales que realizaron la investigación familiar.

◆ ◆ ◆

¿Cómo podía haberse evitado toda esta secuencia de sucesos? Probablemente, el primer error importante lo cometió el juez que entregó la custodia de los niños a David. De otro modo es posible que él se hubiese adaptado al divorcio y al sistema de visitas. Una vez que le fue otorgada la custodia, David creyó ver justificada su ira contra Rhonda por intentar quitarle a sus hijos. Cuando los niños son tan pequeños y tienen una relación tan estrecha con la madre, y ésta se comporta en forma adecuada, el juez debería otorgarle la custodia a ella y ordenar que toda la familia asista a terapia. De este modo los padres podrían resolver sus dificultades en relación a las visitas.

El segundo error del juez fue ordenar que David dejase la casa a Rhonda y a los niños. Si él hubiese conservado su casa y el juez le hubiera otorgado la posibilidad de visitar a sus hijos con frecuencia, o incluso de compartir la custodia, ordenando terapia para que se negociaran las dificultades entre los padres, tal vez toda la tragedia hubiese podido evitarse.

UNA HOGAZA DE PAN

Un joven de diecisiete años, Mario, había sido acusado dos veces de intento de violación a otras tantas adolescentes. Vivía con su madre, su padrastro y un hermano menor. Era muy adicto al alcohol. El juzgado empezó por enviarlo a un centro de tratamiento para alcohólicos, donde sería desintoxicado antes de ser enviado a una prisión para menores. No obstante, la madre insistió en que Mario tuviese otra oportunidad, por lo que el juzgado decidió que viviría en su casa y sería vigilado mediante un dispositivo electrónico. También se le harían análisis de orina periódicos para controlar que estuviese libre de drogas y alcohol, y se lo remitiría a nuestro instituto para que se sometiese a terapia por los crímenes sexuales que había cometido.

Antes del tratamiento por su alcoholismo, Mario había tratado de suicidarse. Se producía a sí mismo y heridas cortantes tenía numerosas cicatrices en el cuerpo, exhibiendo una conducta suicida y muy autodestructiva. La terapia incluyó a su madre y su hermano. La terapeuta no consiguió que el padrastro asistiese a una sola sesión.

Mario había sido maltratado con mucha violencia por su padre biológico, quien también golpeaba a la madre. El padrastro también los maltrataba a los tres. Para Mario resultaba difícil describir los castigos, pero la madre explicó a la terapeuta que el padre biológico usaba cinturones, varillas y otros instrumentos, mientras que el padrastro golpeaaba con los puños. Desde hacía muchos años que la familia estaba relacionada con los Servicios de Protección.

Los muchachos tenían una relación más estrecha con el padrastro que la que jamás habían tenido con el padre biológico. Mario ansiaba acercarse a este último, un obrero de la construcción, y mientras estaba en terapia acostumbraba a pasar algún día ayudándolo en su trabajo. Estas visitas solían terminar en una pelea, y entonces volvía a pasar mucho tiempo sin ver a su padre. Al crecer, Mario se había vuelto muy agresivo con su madre, y aunque nunca la había golpeado ella tenía miedo de que lo hiciese si le ponía algún límite.

El primer intento de violación había sido contra una joven que vivía en su edificio y había ido a visitarlo mientras su madre estaba fuera. Estaban en su dormitorio y él la había seducido hasta iniciar de estimulación erótica, pero luego había insistido en completar el acto sexual aunque la muchacha se negaba. El segundo incidente había sido con una novia, también en su dormitorio, con la puerta cerrada, mientras la madre estaba en la casa. Esta escuchó ruidos y trató de entrar en la habitación pero no pudo hacerlo, y mientras tanto Mario trataba de consumar el acto sexual. En ambos casos, las jóvenes habían presentado cargos. Mario se declaró «implicado» en el juzgado, aunque pensaba que en realidad las muchachas querían hacerlo y no podía entender por qué le decían que no.

Existía una prohibición de establecer contacto por lo que Mario no pudo disculparse personalmente con las jóvenes, pero una vez que entendió dónde había estado su error, la terapeuta le hizo escribir cartas de disculpa que tal vez podría entregarles en el futuro. Y Mario se disculpó sinceramente con su madre y su hermano por la vergüenza y la angustia que les había causado.

Durante la terapia, Mario trabó relación con otra joven y se convirtió en padre. Era un vínculo inestable, pero la muchacha lo acompañó a varias sesiones. Mario había mejorado mucho. Su orina estaba limpia, asistía regularmente a Alcohólicos Anónimos y tenía un empleo que le permitía pagar la terapia y el dispositivo electrónico. Después de cumplir los dieciocho, Mario se mudó con su novia y el bebé. Asistía a la escuela secundaria donde trataba de aprobar el examen de equivalencias.

Unos meses después, Mario fue arrestado por robar la radio de un coche. Estaba en libertad condicional hasta los veintiuno por los cargos anteriores, por lo que si cometía cualquier delito podía ser enviado directamente a la cárcel sin más trámite. El juez decidió hacerlo y lo puso en prisión, terminando la terapia abruptamente e impidiendo todo contacto ulterior con la terapeuta. Había robado la radio porque había perdido su empleo y necesitaba dinero.

La terapia había durado siete meses. En lugar de enviar a Mario a la cárcel, el juez podía haberle vuelto a colocar el seguidor electrónico, ordenarle que asistiese a terapia y obligarlo a realizar algún servicio comunitario. En lugar de ello, encarcelarlo por robar la radio de un coche, un delito en el que nadie había resultado herido, no fue muy distinto del castigo medieval de cortar una mano por hurtar una hogaza de pan.

Además, Mario no fue encarcelado por robar la radio sino por los intentos de violación anteriores. En realidad, nunca había violado a nadie y sólo había tratado de forzar a dos jóvenes de su edad, quienes por su propia voluntad habían entrado en su habitación y cerrado la puerta con llave. Existe tanta histeria respecto del abuso sexual que hasta los jueces están perdiendo el sentido común para diferenciar un crimen de una simple mala conducta.

El castigo fue demasiado severo y no conduce a ningún resultado positivo. La gente no cambia de inmediato. Para un alcohólico acusado de intento de violación es un paso adelante, no un retroceso, que en el transcurso de un año sólo haya robado la radio de un coche.

La terapeuta cometió el error de no pelear por Mario. Debió haber insistido en que el juez la escuchara y debió haberlo sacado de la cárcel.

El error más común que cometen los terapeutas es no colaborar estrechamente con las fuentes de referencia, cualquiera que éstas sean. Cuando se trata de una institución como un hospital, una escuela o un juzgado, con poder para alterar el contexto social del individuo, esta colaboración es crucial. El hospital puede internar, la escuela puede expulsar o segregar a un niño, y el juzgado tiene el poder de encarcelar. No incluir a estas instituciones como parte de la terapia es un error tan serio como no incluir a la familia.

Los jueces deben ser educados para que, junto con la libertad condicional y el servicio a la comunidad, ordenen la terapia familiar. También hay que recordarles la necesidad de escuchar a los niños y proteger sus derechos humanos, así como los de las madres. Los jueces deben comprender que las personas no cambian de golpe, y que la terapia no es una curación que asegura que la persona no volverá a tener un problema en su vida. Cuando hay reincidencia y la terapia ha funcionado en el pasado, debería volver a ordenarse un tratamiento.

CAPÍTULO 9

El pasado

En ocasiones, una víctima de incesto y abuso sexual es amenazada por el agresor y guarda secreto durante muchos años, tal vez toda su vida. Guardar un secreto semejante desmoraliza y aísla. Consume la energía mental de la persona, e interfiere con todas sus relaciones.

El terapeuta debe tratar por todos los medios de aliviar a la víctima, de explicarle que mientras guarde el secreto, guardará la vergüenza. Y es el victimario quien debería hacerlo. Cuanto más tiempo se ha mantenido el secreto, más difícil resulta revelarlo a la familia. No obstante es la única manera en que la víctima puede librarse de su carga.

En ocasiones, un adulto llega a terapia con la sospecha de que sufrió abusos en su infancia, aunque no lo recuerda. Puede pedir una terapia con el objetivo de recuperar el recuerdo del abuso. Me parece apropiado contribuir a que la gente recuerde, pero no recomiendo la hipnosis en estos casos. Bajo hipnosis es fácil inducir a tener falsos recuerdos. La mejor manera de hacer memoria es hablar con la familia, averiguar qué recuerdan otros integrantes de la misma generación o de las anteriores. Raras veces hay sólo una víctima en la familia. Existen muchas posibilidades de que, si una criatura sufrió abusos, haya sucedido lo mismo con otros niños.

El objetivo del terapeuta es obtener una disculpa del agresor por el abuso, y de los padres y familiares por no haber protegido a la víctima. Todos los integrantes posibles de la familia deberían reunirse para mantener una sesión de disculpa. Si el agresor o uno de los padres ha muerto, nadie debe ocupar su sitio en una dramatización para que la situación no pierda su solemnidad. El terapeuta puede seguir los pasos indicados para la terapia de agresores y víctimas, aunque el delito haya ocurrido treinta años atrás. Para lograr este objetivo, el primer paso es revelar el secreto a otros miembros de la familia.

Algunas veces, la víctima permite que el terapeuta invite a la familia a una sesión y sea él quien revele la relación abusiva. Si el profesional insiste en la importancia de ello para la víctima, los padres y otros familiares estarán dispuestos a recorrer grandes distancias para asistir a la sesión. El terapeuta debe decir que necesita la ayuda de la familia, y que un encuentro con todos ayudará a resolver dificultades que han persistido durante mucho tiempo.

Sería un error revelar el secreto por teléfono. Esto debe hacerse en persona para que el terapeuta pueda controlar las reacciones de todos. También es un error esperar que la víctima revele el secreto a la familia. Por lo general le resulta demasiado difícil, en particular cuando ha mantenido silencio mucho tiempo. El terapeuta debe obtener permiso para hablar en su nombre.

Algunas veces se puede pedir a la víctima que revele el secreto sólo a un familiar, y más adelante a otro hasta que al fin todos los sepan. Entonces podrá llevarse a cabo una sesión de disculpa con toda la familia.

El mejor argumento para convencer a la víctima de

hablar sobre lo ocurrido es explicarle que el incesto y el maltrato sólo son posibles cuando se mantienen en secreto. Las investigaciones muestran que el incesto no es un hecho aislado en la familia, por lo que existen posibilidades de que otro niño ocupe el lugar de la víctima en el presente. La mejor manera de impedir los abusos es revelar el secreto, de modo que las criaturas de la familia puedan ser protegidas.

El secreto del incesto puede afectar a futuras generaciones de niños, incluso cuando ellos mismos no sufran abusos. Una de las sesiones más conmovedoras que he visto fue con una mujer de ochenta y dos años, quien nos consultó porque su hijo de cuarenta y siete, que se quejaba de dolores crónicos, se negaba a trabajar y vagaba por las calles. Sus otros dos hijos también estaban muy perturbados. Me pareció que para producir tres personas con perturbaciones tan serias, debía haber algo horrible en el pasado de la madre. Cuando le pregunté qué era lo más horrible que le había pasado, la anciana me relató que, a los doce años, su padrastro la utilizaba para simular relaciones sexuales. Ella habló con su madre, quien en un principio la protegió del padrastro pero más adelante se volvió contra ella, sospechando que mantenía una relación amorosa con él. La mujer recordaba que su madre incluso la había amenazado con quemarle el rostro.

Cuando se casó, la hija insistió en pasar la noche de bodas en la casa de su madre para demostrarle que todavía era virgen. Cuando la madre vio la sangre en la sábana, cayó de rodillas y le pidió perdón, pero la hija nunca la perdonó. Los tres niños crecieron sin comprender por qué la madre odiaba y trataba mal a la abuela que ellos tanto amaban.

Cuando llegaron a terapia, la mujer tenía ochenta y dos años y todas las personas de su generación habían muerto así como las de la generación anterior. Por lo tanto mantuvimos una sesión en la que ella reveló a sus hijos el secreto del abuso que había sufrido y el conflicto con su madre. El terapeuta pidió al hijo vagabundo que agradeciera a su madre por contarle el secreto. En lugar de ello, él le dijo: «Te perdono por no habérmelo contado antes». Y tenía razón. El secreto que había guardado no sólo la había lastimado a ella sino también a sus hijos.

Algunas veces, por más esfuerzos que haga el terapeuta, una persona nunca recuerda claramente qué ocurrió en el pasado, si sufrió abusos en su infancia o no. En estos casos, lo mejor es decir que hay tantas mujeres y niños que han sufrido abusos a lo largo de los siglos que todos llevamos dentro el recuerdo de ese dolor. El sufrimiento de ellos es nuestro sufrimiento, por lo que no es importante averiguar qué nos pasó a nosotros como individuos. Lo que importa es hacer algo para impedir que esta violencia continúa en las generaciones futuras. De este modo el terapeuta orienta a la persona hacia un sentido de unidad y compasión. La mejor manera de superar un trauma es salirse de uno mismo y ayudar a otros.

Los siguientes casos ilustran una de las formas de conducir una sesión en la que se revela un incesto.

REVELAR EL INCESTO

Janice nos fue enviada por el hospital donde había sido tratada después de un intento de suicidio. Tenía dos hijos adolescentes de un primer marido del cual estaba divorciada. Hacía poco se había vuelto a casar con un hombre que era el hijo único de una madre viuda.

Poco después del matrimonio la madre del marido cayó muy enferma, y él comenzó a dedicar más tiempo a cuidarla y ayudarla financieramente. Janice se sintió abandonada, pero él le explicó que era su obligación y que no podía hacer otra cosa. Ella insistió y finalmente le dijo que tendría que elegir entre su madre o ella, tras lo cual se separaron.

Janice se deprimió mucho, al extremo de no poder ocuparse de sus hijos. El varón fue a vivir con la madre de ella y la niña, Hillary, con la otra abuela, la madre del primer marido. Sin sus hijos, Janice se deprimió todavía más y trató de suicidarse. Entonces fue hospitalizada.

Mientras estaba en el hospital, se enteró de que Hillary también había sido ingresada en otra clínica por un intento de suicidio. La niña contó a los médicos que había tratado de matarse porque su padre abusaba sexualmente de ella en la casa de su abuela.

Cuando Janice empezó una terapia con Sandra Cohen en el Instituto de Terapia Familiar, parecía deprimida, inmadura y muy confundida respecto de sus relaciones familiares. Tenía una pésima relación con su madre, no obstante lo cual le había confiado a su propio hijo. Tenía una opinión muy pobre de su primer esposo, pero de todos modos le había confiado su hija a la madre de él. La autoestima de Janice era tan baja que parecía pensar que cualquiera podía ser mejor madre que ella.

Al observarla tras el espejo falso, pensé que debía haber tenido una infancia muy traumática. Le sugerí a Sandra que le preguntase qué era lo peor que le había ocurrido en la vida. Janice contó que había sufrido abusos sexuales por parte de un tío durante toda su adolescencia. Habló sobre cuánto había querido proteger a Hillary de esa experiencia, y había fracasado. Su madre no la había protegido del tío. Ella incluso sospechaba que su madre estaba enterada del incesto. Sandra la convenció para que invitase a la madre a una sesión, y de ese modo averiguar si en realidad lo sabía. No pudimos invitar al tío porque estaba gravemente enfermo e internado en un hospital.

Cuando llegó Brenda, la madre de Janice, se sentó bien lejos de su hija, en el sillón opuesto. Era una mujer excedida de peso, de aspecto enfermizo, y se movía con dificultad. Sandra le dijo que había pedido que viniese para aclarar algunas cuestiones con su hija, ya que Janice albergaba dudas respecto de su amor por ella.

—Si en todos estos años no le he demostrado amor —dijo Brenda con indignación—, debo estar haciendo algo mal. Incluso se lo he dicho. Ella tiene un muro a su alrededor... lo construyó hace muchos años.

El muro al que Brenda se refería es clásico en las víctimas de incesto. Lo erigen a su alrededor por miedo a revelar el secreto que guardan. Brenda había notado la distancia, pero no parecía conocer la razón.

—El motivo por el cual construí esa pared a mi alrededor, mamá —dijo Janice—, fue que desde muy pequeña si no lo hacía me pisoteaban y me hacían daño. Tú trataste de enseñarme a cocinar y yo derramé algo, ¿y qué me dijiste? Que era torpe y no podía hacer nada. Todavía tengo clavadas esas cosas.

Las quejas de Janice también son típicas de una víctima de incesto. En lugar de hablar sobre la cuestión importante –el hecho de que su madre no la protegiera del abuso sexual– se quejaba amargamente de trivialidades.

—Tú recuerdas esas cosas —dijo Brenda—, pero para mí fue diferente.

Sandra las interrumpió.

—Me parece buen momento para derribar ese muro del que hablaban.

—Pero es que yo no lo recuerdo de ese modo —dijo Brenda—. Yo traté de enseñarle a cocinar, y ella no quería usar las medidas que le decía. Quería hacerlo a su manera.

—Lo que me gustaría que hicieran ahora —dijo Sandra—, es que se cuenten una a la otra lo peor que les pasó en la vida.

—¿Se refiere a lo peor que pasó entre ella y yo? —preguntó Janice.

—O lo peor que le ocurrió en la vida y que querría compartir con ella hoy —respondió Sandra.

—Lo peor —dijo Janice con un gesto enérgico del brazo—, fue que no me sentí protegida de niña. Eso es lo que más me perturba. ¿De acuerdo? Lo que más me perturba es haber estado en una situación que, como madre, ella debió haber impedido. Y debería haber habido protección.

—¿Quiere hablar al respecto?

—Bueno, no sé si mi madre lo sabe, porque nunca hemos hablado de esto. No sé si lo sabe. No sé si decirlo directamente —respondió Janice, quien ahora gesticulaba con ambos brazos—. Creo que ella sabe de qué hablo —se volvió hacia su madre—. No se deja que un hombre de veintiséis años duerma en la misma habitación con tu hija porque no hay más camas.

—¿De qué estás hablando? —preguntó Brenda frunciendo el entrecejo y una voz chillona.

—¿Lo ve? —Janice miró a Sandra con un gesto de impotencia—. ¡Que el tío Jack dormía conmigo, mamá! ¿No lo recuerdas? ¿No te acuerdas de que dormía en la misma habitación que yo porque no había más camas?

—¡No, no lo recuerdo! —exclamó la madre—. Y si hubiera... ni siquiera me acuerdo... ¡Pero él era tu tío! —gritó—. Pero no, ni siquiera me acuerdo, porque tú tenías tu propia habitación arriba. ¿Cuándo? ¿Dónde?

—Mamá, en Takoma Park, donde teníamos la pieza en el sótano.

—No, no lo recuerdo.

—Está bien —dijo Janice, sacudiendo la cabeza.

—No me acuerdo —repitió Brenda con énfasis—. Y si no te protegí, no sabía que no lo hacía. Pensaba que sí.

—Me gustaría que le explicara a su madre exactamente lo que pasó —dijo Sandra—. Yo sé que es muy difícil.

—Yo adoraba a mi tío —dijo Janice—, porque a mi padre no lo veía. Mi padre y yo teníamos una relación tan estrecha que me parecía que nada de lo que yo hacía podía estar mal, pero no lo veía mucho, así que adoraba a mi tío. Desde que era muy chica me acuerdo que cuando él venía yo corría a su encuentro, y ésa era la clase de relación que teníamos. Lo único que recuerdo vagamente es que no tenía un lugar donde dormir, así que compartía la habitación conmigo. Y en ese momento no me importaba, ¡porque yo adoraba a ese hombre! ¡Pensaba que tal vez no me trataría como a una estúpida ni me diría que no soy capaz de hacer nada bien! Por eso empezamos a tener algo físico, ¡y yo no quería negarme porque lo adoraba!

—¿Qué pasó exactamente? —preguntó Sandra.

—¿A qué te refieres con "qué pasó"? ¡Hacíamos el amor! —exclamó Janice sin dejar de mover los brazos, tal como había hecho durante toda la sesión—. ¡Eso fue cuando tenía trece años!

Llamé a Sandra por el intercomunicador para sugerirle que no dejase pasar esa frase. No había sido «amor», sino violación. Parte de la seducción de los agresores radica en confundir a la víctima respecto de lo que es «el amor». En terapia es necesario aclarar esa confusión, para que no exista ninguna idealización de la relación incestuosa o abusiva.

Janice se volvió hacia su madre.

—Cuando tenía once años, ¡dejaste que el tío Jack y su amigo Bob me llevaran a pasear!

—¡Eso fue porque confiaba en él! —exclamó Brenda—. ¡Yo confiaba en él! ¡Ni siquiera se me ocurrió pensar que te haría algo! Si tú confiabas en él, ¿por qué no iba a hacerlo yo? —Brenda se llevó una mano al pecho—. ¡Era mi hermano! ¡Era tu tío, pero también era mi hermano! ¡Y ni siquiera me acuerdo de que haya dormido en el sótano!

—Eso fue en Takoma Park —repitió Janice—, donde teníamos la pieza en el sótano.

—Es lo que digo —continuó Brenda—. Ni siquiera me acuerdo de que se haya quedado a dormir. ¡No me acuerdo! ¡Pero lo único que tenías que hacer era decírmelo!

—Muy bien —dijo Janice mirando a Sandra y haciendo un gesto para que su madre guardara silencio—, se lo explicaré rápido, antes de que se ponga más nerviosa. Permítame explicarle algo. Lo hubiera hecho, de haber pensado que alguien me escucharía. Tenía trece años, y antes de eso había recibido demasiadas señales confusas. Supuse que si se lo decía me contestaría «estoy ocupada» o «no es verdad». Es lo que pensaba, y sólo ahora comprendo que ella no sabía nada al respecto.

Sandra se volvió hacia la madre.

—Creo que usted tiene que asumir la responsabilidad por lo que pasó cuando ella tenía trece años. No era más que una niña, y necesitaba protección.

La terapeuta cometió un error en su forma de expresar la frase. Debió haber dicho: «Creo que usted tiene que asumir la responsabilidad por no haber protegido a Janice de su tío». Al decir «por lo que pasó» Sandra sugiere que Brenda debería hacerse responsable por el abuso sexual en sí, lo cual no corresponde.

—¿Cómo puedo asumir la responsabilidad cuando ni siquiera sabía lo que pasaba? Pensé que la protegía lo mejor que podía. ¿Debo hacerme responsable por algo que no sabía? —preguntó Brenda con indignación, mientras Janice hacía gestos para que se callase.

—Mamá, ¿cómo es posible que no hayas sabido que dormía en mi habitación?

—Permítanme decir algo —intervino Sandra—. Lo que ocurrió fue lo siguiente: un hombre de veintiséis años violó a una niña de trece.

Brenda la interrumpió furiosa.

—Yo sé lo que dice, ¡pero le aseguro que no lo sabía!

—Ya sé que no lo sabía —la interrumpió Sandra.

—¿Cómo puedo ser culpada por algo? ¡Pensaba que la protegía lo mejor que podía! —continuó Brenda— ¡Y ahora usted me dice que fui una mala madre!

Lo más importante de este intercambio era lo que Brenda no había dicho. Acababa de descubrir que su hija había sido vejada sexualmente a los trece años, y todavía no había mostrado ninguna compasión o preocupación por Janice, sólo indignación e ira. Lo que las personas no se dicen unas a otras suele ser más importante que lo que en verdad se dicen. Es la ausencia del gesto afectuoso lo que define la frialdad en una relación.

—¡No! —exclamó Janice con vehemencia— ¡No estamos diciendo eso, mamá!

—Permítanme aclarar algo —dijo Sandra—. No la culpo a usted por lo que pasó. La culpa es sólo de su hermano. Fue él quien la violó. Lo que le pido es que asuma la responsabilidad por las cosas que, como madre, no hizo en el pasado. Los errores que cometió. No tener una comunicación lo bastante buena con su hija como para que ella acudiera a usted y le contara lo que pasaba. No ver los indicios aunque esto se prolongó durante tres años. Por permitir que un hombre... y sé que no lo recuerda, pero esto pasó... por permitir que un hombre de veintiséis años durmiera en su dormitorio.

—El no dormía en su dormitorio —la interrumpió

Brenda enfáticamente—. ¡No me importa lo que ella diga!

—¿Ve a qué me refiero? —dijo Janice a Sandra con un gesto de desesperación.

—Muy bien, asumiré la responsabilidad —continuó Brenda—. Me equivoqué; no la protegí. No vi los indicios. Sabía que esto era exactamente lo que iba a pasar. Sabía que yo sería la mala. Todo fue por mi culpa. Ya está. Muy bien. Asumo la responsabilidad por permitirle dormir con ella aunque no recuerdo haberlo hecho.

—Tal vez debiera preguntarle a él —le sugirió Janice—. Su hermano le dirá la verdad.

—Eso pienso hacer —dijo Brenda.

—¿Piensas que miento? —preguntó Janice señalando su propio pecho con indignación.

—No —dijo Brenda mientras le apuntaba con el dedo—. No he dicho eso, y no pienso preguntarle a él... ¡pienso decírselo!

—Permítanme aclararles algo —intervino Sandra—. Cuando se produce un abuso sexual, es muy doloroso para la víctima. El dolor no es sólo físico y emocional... es un dolor espiritual.

—Ya lo sé. Yo misma pasé por eso —dijo Brenda—. Sé exactamente a qué se refiere.

—¿Usted pasó por eso? —preguntó Sandra.

—Sí.

—Muy bien —dijo Sandra. Le sorprendía que la madre hubiese comprendido tan rápido lo del dolor espiritual. Ella se había mostrado reacia ante la idea de invitar a Brenda a la sesión. Pensaba que no obtendrían nada bueno con ello, y que sólo habría un enfrentamiento desagradable. Además, en ese entonces no tenía experiencia en el trabajo con el abuso sexual ni en hablar sobre el dolor espiritual (ahora es una de nuestras mejores terapeutas de agresores sexuales y sus víctimas).

—Sólo tenía unos cinco años —continuó Brenda.

—¿Ha hablado con Janice al respecto?

—No, sólo es asunto mío y de nadie más. ¡Y fue mi propio abuelo! ¡Y yo tenía sólo cinco años! También fui violada a los dieciséis. Sé qué se siente. Por eso traté de hacer lo mejor que pude con ella. De haberlo sabido, no hubiese pasado. Pero usted me dice que no la protegí. Hice lo que pude. Lo que pude no fue suficiente, pero yo no lo sabía.

—Es por eso —dijo Sandra— que debe asumir su responsabilidad. Porque en ese entonces lo que hizo no fue suficiente. Ahora me gustaría que le diga a Janice lo mucho que lamenta no haberla protegido en ese momento, no haber sido capaz de ver los indicios. Usted conoce el dolor que ella sufre porque también lo tiene en su interior, y ella necesita escuchar cuánto lamenta no haber podido protegerla.

Brenda se volvió hacia Janice y exclamó con sinceridad:

—¡Lo siento! —Janice asintió con la cabeza—. Lamento mucho no haberte protegido, pero no podía hacerlo si no sabía lo que ocurría. Lamento que hayas recibido señales confusas. Hice lo mejor que pude. Estaba trabajando...

—Te entiendo —la interrumpió Janice—, porque yo he hecho lo mismo con mis hijos.

—Lo que tú no entiendes —continuó Brenda—, es que tenía mucho miedo de perder mi trabajo. Trabajaba horas extra que nadie me pagaba. Era la única manera de terminar con mi trabajo porque sufría unas jaquecas terribles de las que nadie sabía. Podría haber tenido ese tumor toda mi vida.

Brenda continuó explicando que en la época en que Janice sufría los abusos, ella padecía unas jaquecas tan intensas que no podía terminar con su trabajo en el horario de la oficina. Años más tarde se descubrió que tenía un tumor cerebral y fue operada, pero en ese entonces era una madre que mantenía sola a sus hijos mientras soportaba día a día unos terribles dolores. Mi plan había sido insistir en que Sandra le pidiera que se disculpase de rodillas por no haber protegido a Janice de su tío, pero al escuchar lo del tumor cerebral me pareció que sería demasiado pedir para una sola sesión.

—Trataba de que me consideraran indispensable —continuó Brenda—. Todas las noches dedicaba tres horas a trabajar, para seguir teniendo un empleo con el cual manteneros a ti y a tu hermano. —Brenda tenía los ojos llenos de lágrimas, y su voz se quebraba por la tensión.

—Algo que no debe volver a ocurrir en la familia —dijo Sandra— es que las cosas se guarden en secreto. El silencio es lo que permite que esto se repita en la generación siguiente, y ustedes quieren que no vuelva a pasar.

—Sí —dijo Janice—. Cuando eres una niña es muy difícil porque piensas que nadie va a creerte.

—Por eso, ahora como madre, tiene la misión de proteger a su hija, de modo que nadie le haga daño. Debe enseñarle a hablar de esas cosas. Quiero que ambas se prometan una a la otra que esto no volverá a ocurrir en la siguiente generación.

—¿Qué no volverá a ocurrir? —preguntó Janice—. ¿El secreto o el abuso?

—Ambas cosas —dijo Sandra—. Ustedes dos tienen que asegurarse de que no vuelva a pasar. Le pasó a usted —dijo Sandra a Brenda—. Le pasó a su hija y también a su nieta; es posible que haya pasado en generaciones anteriores. Tiene que acabar ahora.

—Lo único que se puede hacer —dijo Janice—, es tratar de estar atenta, de vigilar lo que está pasando y no cerrar los ojos.

Sandra se volvió hacia la madre.

—Me gustaría que le diga a su hija que ella es la mejor madre y protectora para Hillary, que nadie más la amará como ella la ama —Sandra miró a Janice—. Usted la envió a vivir con otra familia porque tiene una baja autoestima, no cree en usted misma, pero no hay razón para que se sienta de ese modo. Sé que la ama con toda su alma. Y quisiera que usted, Brenda, le diga que ella es la mejor madre para Hillary.

Brenda se volvió hacia Janice.

—¡Todo el tiempo te digo que tú eres la mejor madre para Hillary!

—Me gustaría invitarla a que venga la próxima semana —le dijo Sandra a Brenda.

—No —dijo Janice—, no, porque todo lo que haremos será sentarnos aquí y discutir otra vez. No, nunca cambiará. Lo único que quería era aclarar mis sentimientos. Yo siempre había pensado que ella lo sabía; eso es todo.

—Janice no quiere una relación conmigo —dijo Brenda—. Usted puede verlo ahora mismo. No creo que se relacione conmigo mientras no se saque todas esas cosas que tiene en la cabeza, mientras no sea capaz de resolver las cosas, mientras no deje de culparme por lo que pasó. Mientras no haga las paces consigo misma, no será capaz de estar en paz conmigo.

—No se trata sólo del pasado —dijo Janice—. No me gusta cómo son las cosas ahora mismo. No me gusta cómo trata a mi hijo, y es por eso que no puedo hablar con ella. Cuando voy a ver a mi hijo, me siento de más ¿entiende? Y es por eso que no puedo verla. Yo digo algo, ella dice algo y estamos así —Janice hizo un gesto con las manos para mostrar una gran separación.

La sesión terminó de esta manera. Sandra insistió en volver a ver a la madre en algún momento, para ayudarlas con la relación, pero hizo una cita con Janice sola para la semana siguiente.

Cuando Sandra vino a hablar conmigo detrás del espejo falso, me dijo:

—¿Lo ves? Te dije que no terminaría bien.

—Sólo espera —respondí—. Las relaciones no cambian de inmediato. Dales tiempo.

A la semana siguiente, Janice llamó unos minutos antes de su hora de sesión y preguntó si podía venir más tarde. Sandra le dijo que sí. Janice llegó muy bonita y alegre, y le contó a Sandra que había cambiado la hora porque se había encontrado con su madre y su hijo en el mercado, y Brenda la había invitado a comer.

—Se acercó a mí en la tienda —contó Janice—, y yo le dije «hola». Después saludé a mi hijo. Ella vino y me dio un abrazo; yo también la abracé. Me dijo que me amaba. Yo le dije que la amaba. Le dije: «¡Olvidemos todo y sigamos adelante!»

—¡Vaya! —dijo Sandra—. ¡De veras me alegro!

—Fue muy bonito —dijo Janice con una sonrisa de oreja a oreja.

—¡Qué maravilla!

—Fue muy bonito. Así que cuando me invitó a comer, le pedí que me dejara llamarla. Pensé que usted no se molestaría.

—No, estuvo muy bien. Me alegra mucho que haya comido con su madre.

—Fue maravilloso. Fuimos a un restaurante italiano y conversamos. Mi hijo me hizo una pregunta que me tomó desprevenida —se echó a reír—. Me preguntó por qué me había enamorado de mi marido. Me dijo: «¿Está bien que lo pregunte? No quiero ser entrometido». Y yo le contesté: «No, tienes todo el derecho de preguntar». Entonces le conté.

—Debe haberse sentido muy bien con usted para hacerle una pregunta semejante —dijo Sandra.

Janice asintió con la cabeza.

—Me sentí bien. Fue la primera vez que nos sentamos los tres juntos y pasamos un buen rato. Lo que pasó cuando ella vino aquí fue que comprendí que, básicamente, las dos sentimos las mismas cosas —hizo un gesto uniendo las manos—. Entonces en lugar de ser la niñita y ella la persona mayor, comprendí que tenía que ocuparme de mis sentimientos y actitudes de niñita. Ahora, no importa lo que yo haga, ella todavía es mi madre...

—Y la quiere —la interrumpió Sandra.

—Sí, me quiere. Y es posible que no estemos de acuerdo en todo, pero igual es mi madre. Desde que vinimos juntas a verla, es como si una nube hubiera desaparecido de mi vida... una carga muy pesada. Puedo decir «Fui maltratada por él». Ya no tengo esa sensación de niña herida en el estómago. Casi puedo apartarme y decir, «Esto pasó», y seguir adelante. No moriré por ello. Hay algo más que quiero decirle, y sé que no tenemos mucho tiempo, pero usted habló de comunicarme con mi familia. Cuando lo hice comprendí cuánto los amo y cuánto me importan, pero eso también me hace pensar en cuánto quiero y extraño a mi esposo. Así que la semana pasada hice algo —sacudió la cabeza con picardía.

—¿Qué hizo? —preguntó Sandra.

—Lo llamé —Janice suspiró.

—¿Y cómo le fue? —preguntó Sandra.

—Bueno, yo estaba un poco nerviosa —dijo Janice con una risita—. Lo llamé temprano por la mañana. Le dije: «Mira, sé que tienes que trabajar. No te enfades. No quería llamarte tan temprano, pero quería hablar contigo. No me has llamado. No sé qué está pasando, y sólo sentía curiosidad». El contestó: «No hay problema, no hay problema». —Janice rió como una adolescente.— Hablamos un rato y le dije: «No podemos hablar tanto, tienes que ir a trabajar». El contestó: «Bueno, ¿puedo verte más tarde?» Yo le dije: «No tienes que hacerlo. Sólo quería saber qué estaba pasando». Y él dijo: «De veras quisiera verte más tarde». Entonces le contesté: «Está bien». El vino esa noche y nos sentamos a hablar. Le dije... se lo expliqué muy claro: «No quiero que vengas aquí y que esto termine en alguna otra cosa. Si vienes, quiero hablar. Me parece que los dos necesitamos hablar». Eso hicimos, y estuvimos conversando tres horas.

Después de esa conversación, Janice y su esposo se reconciliaron, e Hillary volvió a vivir con ellos. La relación entre Janice y Brenda siguió siendo cálida y afectuosa. Ahora que Janice tenía a su madre, podía permitir que su esposo tuviese la de él.

◆ ◆ ◆

Probablemente, el principio fundamental de mi enfoque para la terapia de la violencia sea la redistribución de la responsabilidad y la culpa. En general, es la víctima quien se siente responsable y carga con la vergüenza. El primer paso para aliviarla de su carga es hacer que se desprenda del secreto que ha llevado consigo, en ocasiones durante años. Nunca es demasiado tarde. Las relaciones pueden cambiar, e incluso aquellos que han estado apartados mucho tiempo pueden compartir el júbilo de la reconciliación.

Epílogo

Considerando la epidemia de violencia que existe actualmente en nuestra sociedad, es probable que al lector le queden muchas preguntas sin responder sobre la violencia familiar y una terapia de acción social. Trataré de imaginar algunas de estas preguntas y contestarlas.

¿En qué medida la violencia puede tratarse en una terapia? La respuesta es en todos los casos. Si no podemos resolver un problema de violencia en la terapia, no es porque las personas no puedan cambiar; es porque como terapeutas no somos lo bastante inteligentes o capaces como para producir un cambio. En realidad, una terapia de acción social se basa en la idea de que la gente puede cambiar por su cuenta y detener su propia violencia.

Todos tenemos el potencial de cambiar si queremos hacerlo. Siempre existe la posibilidad de decisión. Hasta el peor psicópata, el agresivo sádico, el marido homicida o el pederasta compulsivo puede cambiar si así lo desea. El problema para los terapeutas es que algunas veces estas personas acuden a terapia porque en un juzgado se les ordena hacerlo, no porque sientan remordimientos o tengan deseos de cambiar. En esos casos el objetivo es motivarlos para que quieran ser diferentes, para que imaginen otra identidad, otra vida, un futuro mejor. Todos tenemos el potencial de llevar distintas vidas. El arte de los terapeutas es hacerlas posibles.

El terapeuta de acción social siempre es optimista pero no ingenuo. En todos los casos podemos ofrecer una terapia, incluso a aquellos que cumplen cadena perpetua, y siempre podemos ofrecer la posibilidad de una vida mejor, aun en la cárcel. Pero eso no significa que recomendemos que ciertos criminales sean reintegrados a la sociedad. Hay veces en que el riesgo es demasiado alto. A través de la terapia podemos ofrecer una alta probabilidad de obtener buenos resultados, pero no podemos garantizar que un individuo en particular no reincidirá en el crimen.

¿En qué medida la violencia puede atribuirse a la ira? La pregunta es improcedente. No podemos usar los sentimientos para justificar los actos. La ira no conduce inevitablemente a la violencia, y por lo tanto no es una excusa. En una terapia de acción social, consideramos que cada persona es responsable de sus emociones.

¿En qué medida la violencia puede atribuirse a la frustración y la marginación generados por el racismo o las penurias económicas? La injusticia social no conduce necesariamente a la violencia, en particular contra la propia familia. Un terapeuta de acción social considera que las personas tienen ciertos derechos humanos inalienables: a la vivienda, el sustento, a recibir tratamiento médico, a educarse y a ser protegido contra la violencia. No obstante, la violación de estos derechos no justifica la violencia. Siempre tenemos una alternativa.

La contraparte de los derechos son las obligaciones. Como seres humanos tenemos la obligación de procurar que cada persona del planeta cuente con vivienda, sustento, tratamiento médico y protección contra la violencia. No actuar para asegurar estos derechos, no involucrarse es ponerse del lado del abuso y la violencia. Los terapeutas en particular deben proteger estos derechos porque tienen mucho poder para hacer el bien o el mal.

◆ ◆ ◆

Los siguientes son algunos aforismos que me parecen particularmente útiles para los terapeutas que trabajen con problemas de violencia. Fueron inspirados en los aforismos de Baltasar Gracian.

Sepa cómo leer el pensamiento. Ser sensible a las verdades expresadas a medias. Saber comprender una insinuación. Esto está en la base de la inteligencia del terapeuta. Aprender a interpretar correctamente los sentimientos e intenciones de la gente.

Encuentre qué mueve a cada persona. El arte de conmover a la gente se basa en saber cómo motivarla. Uno debe introducirse en cada persona para comprender qué quiere, qué disfruta, cuáles son sus sueños y deseos. La treta es averiguar qué pone en marcha a la gente.

Sea sincero y veraz. Ser falaz con un paciente equivale a traicionarlo. Es mejor ser confiable que hábil. Siempre esté del lado de la verdad.

Sea amable. Contribuye a que la gente confíe en uno. Como terapeuta, usted puede hacer mucho bien. El bien que haga será más apreciado si proviene de alguien con modales amables.

Piense cuidadosamente qué es lo más importante. Los terapeutas fallan al no conceptualizar lo que ocurre. Se pierden oportunidades porque no las perciben. No comprenden cuándo están haciendo más mal que bien. Algunos se confunden y concentran la atención en detalles, olvidando lo que realmente importa. El buen terapeuta no teme decidir qué es lo importante.

Aprenda a utilizar una metáfora y una insinuación. Esta es la principal sutileza de la interacción. Las metáforas e insinuaciones pueden utilizarse como poderosas sugerencias y permiten descubrir las verdades. Si el terapeuta es indiferente, este poder puede resultar destructivo. Usted no sólo debe saber cómo comunicarse por medio de una metáfora y hacer insinuaciones también debe comprender las de las otras personas.

Deténgase mientras tenga la iniciativa. Usted debe saber cuándo terminar una sesión, cuándo dejar de intervenir y cuándo finalizar una terapia. Cada sesión necesita de un cierre. Debe terminar con un suspense o cuando se ha alcanzado un objetivo, como una escena en una obra. No arruine un buen trabajo prolongándolo más allá de lo necesario.

Reconozca el momento indicado y aprovéchelo. Es más fácil influir sobre las personas cuando éstas están en crisis, cuando se encuentran perturbadas, cuando piden ayuda. No pierda ese momento. Intervenga en el acto. La gente es más influenciable al comienzo de la terapia que durante el curso del tratamiento.

Nunca exagere. Los superlativos son el idioma de los débiles. Arroja dudas sobre su inteligencia y revela una falta de conocimiento. La exageración es particularmente nociva cuando genera expectativas que conducen a una decepción.

Evite las discrepancias. Evite que lo contradigan y contradecir a otros en la terapia. Guarde sus pensamientos y sentimientos, y sólo hable después de preparar a la gente para que acepte sus palabras. El disenso suele ser interpretado como un insulto, e impide descubrir la verdad y hacer terapia.

Sea desconfiado, pero oculte sus sospechas. Como terapeuta usted siempre debe ser desconfiado, nunca creer por completo a nadie. Pero no revele sus sospechas para no perder la confianza de los otros. Procure parecer atento y preocupado en lugar de desconfiado.

Controle sus aversiones. Sentimos aversión hacia ciertas personas incluso antes de llegar a conocerlas. Ponga frenos a esta tendencia. No hay nada más antiterapéutico que mostrar aversión hacia alguien que necesita ayuda. Lo que un terapeuta debe sentir es aprecio, no desprecio.

Evite las situaciones peligrosas. No corra riesgos cuando existe la posibilidad de que haya violencia, ya sea autoinfligida o contra otros. Lleve adelante la terapia sólo después de haber tomado todas las precauciones contra la violencia. Tenga cuidado de no poner en peligro a otros.

Sepa elegir. Existen infinitas posibilidades de decir y hacer cosas en una terapia, pero usted debe optar, y optar por lo mejor. Muchos terapeutas inteligentes se sienten perdidos cuando tienen que escoger entre alternativas. No son capaces de decidir el mejor procedimiento y terminan haciendo un poco de esto y un poco de aquello, acabando por no lograr nada. La sabiduría es saber elegir.

Sea rápido para ejecutar lo que ha planeado lenta y cuidadosamente. La terapia debe ser planificada, y la planificación se realiza antes de la sesión. Piense con cautela, pero hable y actúe sin vacilar. Procure atrapar el momento indicado para poner en práctica sus planes. No postergue innecesariamente una intervención. Muchos terapeutas pecan por negligencia.

Sea paciente. La paciencia es amabilidad. Siéntase cómodo con el paso del tiempo hasta que encuentre su oportunidad. En una intervención, dar con el momento indicado es crucial para su resultado. No se puede prever cuándo se producirá una reacción. Adáptese al ritmo de las personas a quienes quiere influir.

Hable sobre el futuro. Muchas personas no logran hacer cosas buenas porque no se les ocurre. Oriéntelas en la dirección indicada. Es un gran don ser capaz de evaluar las propias posibilidades. De otro modo, muchos sucesos nunca se producen. El terapeuta hábil para proyectarse al futuro y evaluar las alternativas, debe transmitir esta habilidad a los demás, algunas veces directamente y otras a través de insinuaciones. Recuerde que la mayoría de las veces, las cosas no se consiguen porque no se intentan.

La terapia es el arte de la preparación. Nunca haga un pedido o una sugerencia si sabe que fallará. Hacerlo sería una tontería. Es mejor esperar, preguntar y conversar hasta que esté lo bastante preparado como para saber que tendrá éxito.

No tome las cosas demasiado en serio. Algunos problemas se resuelven cuando no los abordamos. Otros se vuelven serios porque les prestamos atención. En ocasiones la terapia causa el problema. Sepa cuándo apartarse y dejar que las cosas pasen.

Vea la parte buena de todo y de todos. Destaque lo positivo. Todo y todos tienen algo bueno. Concéntrese en las virtudes. Prestar demasiada atención a los defectos conduce a la amargura y el pesar.

No sea paradójico por querer ser original. La paradoja es engañosa y amenaza la dignidad de los demás si se propone satisfacer al terapeuta. Hay en ella un falso encanto que puede conducir a un resultado erróneo. No está bien utilizar la paradoja sólo porque el terapeuta no es capaz de ser directo y amable.

Concuerde con los demás para que estos puedan concordar con usted. Esta es una estrategia para lograr que los demás sigan sus sugerencias. Cuantas más veces diga que sí, más fácil resultará a los demás decirle sí a usted. De este modo, superará las resistencias.

Sea hábil con la conversación. Este es el único instrumento del terapeuta. El arte de la conversación es la medida de excelencia en la terapia. Cada palabra pronunciada tiene importancia. Cada afirmación es terapéutica o antiterapéutica. Usted debe saber lo que quiere decir, y luego decir precisamente eso, adaptando su lenguaje al de los demás.

Sea hábil para controlar su ira. Cuando esté enfadado, lo primero que debe hacer es tomar conciencia de ello. Lo segundo es decidir no permitir que sus sentimientos vayan más allá. Si logra hacer esto, acabará con su ira rápidamente y recuperará el control de usted mismo. Aprenda a detenerse y hágalo en el momento indicado. La ira obstaculiza la sensatez y la compasión, las dos principales cualidades de un terapeuta.

No se aferre demasiado a ningún plan. Es una tontería ser obstinado. Muéstrese dispuesto a hacer concesiones. No continúe con algo si es evidente que falla. Si un plan no funciona, cámbielo.

Sepa alabar, y siempre encuentre algo para alabar. Esto establece el tono indicado y es un buen tema de conversación. En lugar de buscar cosas para criticar, convierta la alabanza en un hábito.

Sea apacible. Transmita que se encuentra en paz con usted mismo, que cree en «vivir y dejar vivir». Muestre que puede escuchar y ver, pero guarde silencio. Ayude a otros a estar en paz.

Proporcione una esperanza. Todos necesitan una espeanza. El espíritu siempre anhela cosas; la curiosidad debe ser alimentada con algo. La esperanza nos mantiene vivos. Procure que todos los integrantes de la terapia tengan algo que esperar del futuro, ya sea en un mes, en un año o más. Ayúdelos a descubrir lo que quieren. Cuando las personas no desean nada, hay que temer por ellas.

Escuche lo que la gente dice pero preste atención a lo que hace. La terapia es un intercambio de palabras que conduce a un cambio en las acciones. Sólo resulta terapéutica cuando está orientada hacia la acción. Usted no sólo debe cambiar la forma en que las personas se expresan, sino también lo que hacen con sus vidas.

Sepa olvidar y ayude a otros a hacer lo mismo. Las cosas que más deberían olvidarse suelen ser las que se recuerdan con más facilidad. Muchas veces no sólo pasamos por alto lo positivo; además recordamos lo negativo en el momento menos indicado. La memoria puede causarnos dolor e impedir la felicidad. Algunas veces el mejor remedio para los problemas es olvidarlos. La memoria debe ser adiestrada para recordar lo que realmente queremos recordar.

◆ ◆ ◆

Espero que este libro haya proporcionado cierta esperanza a los terapeutas que trabajan con la violencia familiar. Herir a nuestros seres queridos es el dolor más profundo que existe. Es el máximo horror en el mundo de los humanos. Espero que este libro haya contribuido un poco a la creación de una realidad que luche contra ese horror.

Notas

Introducción

La historia de Pandora fue narrada por Virginia Hamilton en *In the Beginning: Creation Stories from Around the World* (Nueva York: Harcourt Brace Jovanovich, 1988).

Capítulo 5

Maya Angelou habla sobre su niñez en *I Know Why the Caged Bird Sings* (Nueva York: Bantam, 1971).

Las citas de Thich Nhat Hanh y el rabino Shelomo fueron sacadas de Molly Young Brown (comp.), *Lighting a Candle: Quotations on the Spiritual Life* (Nueva York: HarperCollins, 1994).

Hanna Arendt analiza la banalidad del mal en *Eichmann in Jerusalem* (Nueva York: Viking Penguin, 1977).

Capítulo 6

En mi libro *Sex, Love and Violence* (Nueva York:

W.W.Norton, 1990) puede encontrarse un extracto de la terapia de un delincuente sexual juvenil y su familia.

Capítulo 7

Para leer más sobre la negociación en el matrimonio, véase James P. Keim, «Triangulation and the Art of Negotiation», en *Journal of Systemic Therapies*, (Ontario, Canadá, invierno de 1993, pp. 76-87).

Epílogo

Los aforismos que me inspiraron pueden encontrarse en Baltasar Gracian, *The Art of Worldly Wisdom* (Nueva York: Doubleday, 1992).

Indice temático

Sobre la autora

CLOÉ MADANES es una de las autoridades más respetadas del mundo en relaciones conyugales y familiares, y en el proceso de cambio dentro de las familias. Dirige el Instituto de Terapia Familiar (*Family Therapy Institute*) de Washington D.C., ubicado en Rockville, Maryland, y es una prestigiosa disertante, consultora y directora de talleres. Sus libros, *Strategic Family Therapy*, *Behind the One-Way Mirror*, *Sex, Love and Violence*, y *The Secret Meaning of Money*, han obtenido reconocimiento internacional y han sido publicados en más de seis idiomas.

Para comunicarse con la autora o pedir información sobre sus seminarios, dirigirse al *Family Therapy Institute*, 5850 Hubbard Drive, Rockville, Maryland 20852.